课思培训体系与内容开发系列

培训课程体系设计方案与模板

（第2版）

课思课程中心　编著

人民邮电出版社

北　京

图书在版编目（ＣＩＰ）数据

培训课程体系设计方案与模板 / 课思课程中心编著
. -- 2版. -- 北京 : 人民邮电出版社，2018.1（2024.3重印）
（课思培训体系与内容开发系列）
ISBN 978-7-115-47332-5

Ⅰ．①培… Ⅱ．①课… Ⅲ．①企业管理－职工培训－
案例－汇编 Ⅳ．①F272.92

中国版本图书馆CIP数据核字(2017)第289126号

内 容 提 要

培训课程体系设计是企业开展培训管理的前提，本书针对生产管理、营销管理、采购物流管理、技术研发管理、客服管理等工作所需要的管理能力的培养和提升，提供了详细的培训课程体系设计方案和模板。同时，针对新员工、班组长、核心员工和新晋升的管理者这4类最需要接受系统培训的人员，本书提供了富有特色的培训课程体系设计思路。

本书既适合企业高层管理人员、人力资源管理者、培训管理者以及企业大学管理人员阅读，也适合培训师、咨询师以及高校相关专业师生阅读。

◆ 编　　著　课思课程中心
　　责任编辑　许文瑛
　　责任印制　焦志炜

◆ 人民邮电出版社出版发行　　北京市丰台区成寿寺路 11 号
　　邮编 100164　电子邮件 315@ ptpress. com. cn
　　网址 http://www. ptpress. com. cn
　　北京七彩京通数码快印有限公司印刷

◆ 开本：787×1092　1/16
　　印张：10.5　　　　　　　　2018 年 1 月第 2 版
　　字数：180 千字　　　　　　2024 年 3 月北京第 22 次印刷

定　价：39.00 元

读者服务热线：（010）81055656　印装质量热线：（010）81055316
反盗版热线：（010）81055315
广告经营许可证：京东市监广登字20170147号

"课思培训体系与内容开发系列" 序

弗布克课思课程中心是专业的管理培训课程开发机构，经过 10 年的实践，本中心在管理课程开发方面积累了大量的开发工具、内容模型和实操案例，建立了完备的课程开发素材数据库，初步形成了以管理课程开发为中心的知识管理体系。我们在培训内容的模块化、案例化、故事化、工具化、情境化、流程化、结构化、实操化、短时化方面建立了一系列标准，并可对培训内容进行测量和评估。

体系构建、内容开发和培训运营是培训管理的三大工作，为了和业界分享课思课程中心在培训体系构建、内容开发以及培训运营方面的经验，我们特推出"课思培训体系与内容开发系列"图书，本系列图书包括《培训运营体系设计全案》《培训课程开发与设计案例集》《培训课程体系设计方案与模板》《培训课程开发模型与工具大全》四本，希望通过这四本书和大家共同探讨知识体系建设和课程化方法。

"课思培训体系与内容开发系列"图书给大家提供了培训体系与内容开发的模型、工具、方法、制度、表单以及全景案例，能够帮助各类组织快速构建有效的培训体系、迅速开发适用的培训内容。具体来说，本系列图书主要有以下三大特色。

1. 全面而实用

涵盖了培训体系的设计、培训课程体系的设计、培训内容的设计与开发等内容，提供了辅助**模型、工具、方法、制度、表单和案例**。

本系列图书通过通俗、简单的模型介绍理论知识，使**复杂的理论简单化**；通过**拿来即用**的制度、表单阐述工具和方法，使**繁杂的事项模板化**。

2. 系统而细化

本系列图书立足于培训体系的构建和培训内容的开发，以严谨的架构、详实的分析展示了培训体系设计和内容开发的具体事项，**既从系统思维的角度告诉读者该"怎么想"，又从实际操作的角度告诉读者该"怎么做"。**

3. 适用、易用、管用

适用是我们进行课程开发和设计的出发点。我们秉持"适用的就是最好的"理念来开发我们的课程内容；易用是我们评估培训课程体系时最重要的准则之一，我们开发的课程体系必须要让学习者能够拿来即用，一学就会；管用就是有效果、有效用，能让受培训者把课程中所学带到工作中，实现工作效能的提升。

随着技术的发展和先进开发方法的不断出现，本系列图书将不断推陈出新，恳请广大读者不吝赐教，以便我们再次改版时能够及时改进。

课思课程中心

2018 年 1 月

前言

当前的市场竞争越来越体现为人才的竞争。为了提升员工素质，培养人才队伍，企业开始有针对性地开展各种形式的培训。企业开展培训主要有两个目的：一是帮助员工提升技能，使员工由单一技能型人才向多重技能型人才转变，以适应不断变化的市场需求；二是增强员工对组织的认同感，提高员工的忠诚度。

为了实现上述目的，企业必须开发与设计高质量的培训课程体系。那么，设计培训课程体系时，有没有可以借鉴的方案与模板呢？

本书向课程开发人员提供了课程体系设计的模板与方案。全书针对生产管理、营销管理、采购物流管理、技术研发管理、客服管理等工作所需要的管理能力的培养与提升，提供了详细的培训课程体系设计方案和模板。同时，针对新员工、班组长、核心员工和新晋升的管理者这4类最需要接受系统培训的人员，本书提供了富有特色的培训课程体系设计思路。本书第1版上市几年来，帮助众多企业成功开发了培训课程体系。为了满足企业不断变化的培训需求，本次推出的第2版在前一版的基础上做了如下修订。

1. 新增了关于培训课程体系基本概念的介绍，归纳了课程体系设计中需要考虑的各项因素。

2. 新增了关于互联网销售类课程体系设计方面的内容，帮助企业培养互联网销售队伍。

3. 新增了快递业务类培训课程体系设计方面的内容，以满足物流行业新的培训需求。

4. 除此之外，我们还对第 1 版的结构进行了调整，对很多内容进行了合并，以方便读者阅读。

在本书编写的过程中，孙立宏、孙宗坤、王淑燕负责资料的收集和整理，贾月、董连香负责图表的编排，权锡哲参与修订了本书的第 1 章，王楠、孙宗虎参与修订了本书的第 2 章，王海燕、韩晶晶参与修订了本书的第 3 章，班克武、李作学参与修订了本书的第 4 章，董莲凤、李亚慧参与修订了本书的第 5 章，周鸿、孙佩红参与修订了本书的第 6 章，王瑞永参与修订了本书的第 7 章，邹晓春、韩燕参与修订了本书的第 8 章，刘俊敏、洪冬星参与修订了本书的第 9 章，刘伟、王淑敏参与修订了本书的第 10 章，全书由课思课程中心统撰定稿。

目　录

第1章

培训课程体系设计

1.1 培训课程体系设计要考虑的要素

为了确保培训课程体系的适用性，设计培训课程体系时要考虑培训对象、培训需求、培训目的 3 个要素，具体如表 1-1 所示。

表 1-1 培训课程体系设计时要考虑的 3 个要素

要素名称	要素细分	具体操作
培训对象	新员工、基层员工、中层员工、高级管理者、骨干员工、职能部门员工、技术部门员工、业务部门员工	针对培训对象的职能、层级、经历进行课程设计
培训需求	专业技能提升、通用技能提升	通过培训需求调研与分析，确定培训需求，并以此为基础设计培训课程体系
培训目的	知识普及、职业素养提升、问题解决、绩效改善	基于特定培训目的设计培训课程体系

1.2 基于知识普及目的的培训课程体系设计

基于知识普及目的的培训课程体系，可以围绕组织知识、行业知识、产品知识、专业知识 4 个方面进行课程设计。常见的知识普及型培训课程体系设计思路如表 1-2 所示。

表 1-2 常见的知识普及型培训课程体系设计思路

课程模块	模块说明	课程内容示例
组织知识	组织知识是新员工认识组织的起点，可帮助新员工快速融入组织、开展工作	企业文化、组织简介、组织发展历程、组织架构、组织各项制度
行业知识	组织内每个岗位的任职者都应了解并学习行业知识，为顺利开展工作奠定基础	获得行业知识的途径、如何撰写行业研究报告、如何向你的竞争对手学习
产品知识	业务部门深入学习产品知识、非业务部门了解产品知识	业务部门的产品知识培训、非业务部门的产品知识培训
专业知识	专业知识可以帮助各岗位的任职者胜任本职工作	获得专业知识的途径、专业知识如何应用于实际工作

1.3 基于职业素养提升目的的培训课程体系设计

基于职业素养提升目的的培训课程体系，可以围绕诚信、忠诚、敬业、责任 4 个方面进行课程设计。常见的职业素养提升型培训课程体系设计思路具体如表 1-3 所示。

表 1-3 常见的职业素养提升型培训课程体系设计思路

课程模块	模块说明	课程内容示例
诚信	教导员工在工作中以诚实、善意的心态行使权利、履行义务	诚信创造价值、树立诚信观、如何恪守诚信、诚信培训指南
忠诚	提升员工对团队、工作的忠诚度	如何培养员工对企业的忠诚度、提升员工忠诚度的方法、用企业文化提升员工忠诚度
敬业	培养员工对工作的忘我投入精神	如何提升员工的敬业精神、提升员工敬业精神的技巧
责任	提升员工在履行基本工作职责的基础上勇于承担新职责的意识	员工如何用实际行动担当责任、如何提升员工的责任意识

1.4 基于问题解决目的的培训课程体系设计

基于问题解决目的的培训课程体系旨在培养企业员工解决问题的观念，提升员工解决问题的整体能力，并使员工掌握分析问题的方法与工具。相关培训课程体系设计的目标如图 1-1 所示。

目标1	建立正确解决问题的思维方式
目标2	从现象中发现和分析关键问题，抓住主要矛盾
目标3	掌握并准确运用问题分析工具
目标4	找出问题的根源，确定解决方法和改进措施
目标5	预先分析问题发生的原因，防止问题的发生

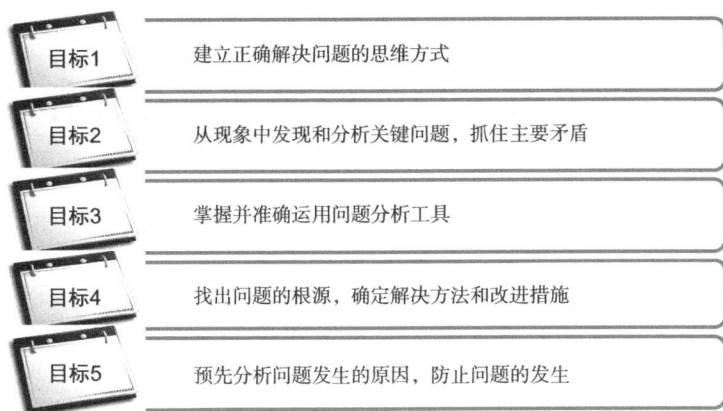

图1-1　基于问题解决目的的培训课程体系设计目标

企业课程开发人员应充分考虑企业发展战略和培训需求，结合受训人员的实际情况，设计问题解决型培训课程体系。常见的问题解决型培训课程体系内容如表1-4所示。

表1-4　常见的问题解决型培训课程体系内容示例

课程模块	课程类别	课程内容示例
问题解决内容模块	识别问题	快速识别问题的方法、准确定位问题的手段、问题的紧急程度和重要程度、快速识别和定位问题的技巧
	分析问题	分析问题的流程、分析问题的常用工具、分析问题的方法与技术
	解决问题	有效解决问题的程序、解决方案的制定技巧、选择和确定最佳解决方案的诀窍、解决并跟踪问题、预防问题发生的相关措施
问题解决事项模块	采购问题解决	采购问题分析与解决的目的、采购问题产生的根源分析、采购决策的制定
	作业问题解决	作业改善的步骤和方法、减少作业浪费的手段、改善作业动作的技巧、作业安全与卫生
	现场质量问题解决	现场质量问题概述、检查质量现状、分析产生质量问题的根本原因、制定质量问题的解决方案、持续改进
问题解决方法模块	6S问题解决法	6S管理概述、整理与整顿方面的问题与解决对策、清扫活动方面的问题与解决对策、清洁活动方面的问题与解决对策、素养活动方面的问题与解决对策、安全管理方面的问题与解决对策
	创造性问题解决	问题识别与形式评估、问题根源分析、复杂问题的系统思考与解决
问题解决能力模块	识别能力	识别能力自测、发现问题、甄别问题、界定问题
	分析能力	分析能力自测、分析问题的五个原则、提高分析能力的方法与工具

1.5 基于绩效改善目的的培训课程体系设计

绩效改善型培训课程的最终目的是提高受训者的工作绩效。一般而言，基于绩效改善目的的培训课程体系设计流程如图 1-2 所示。

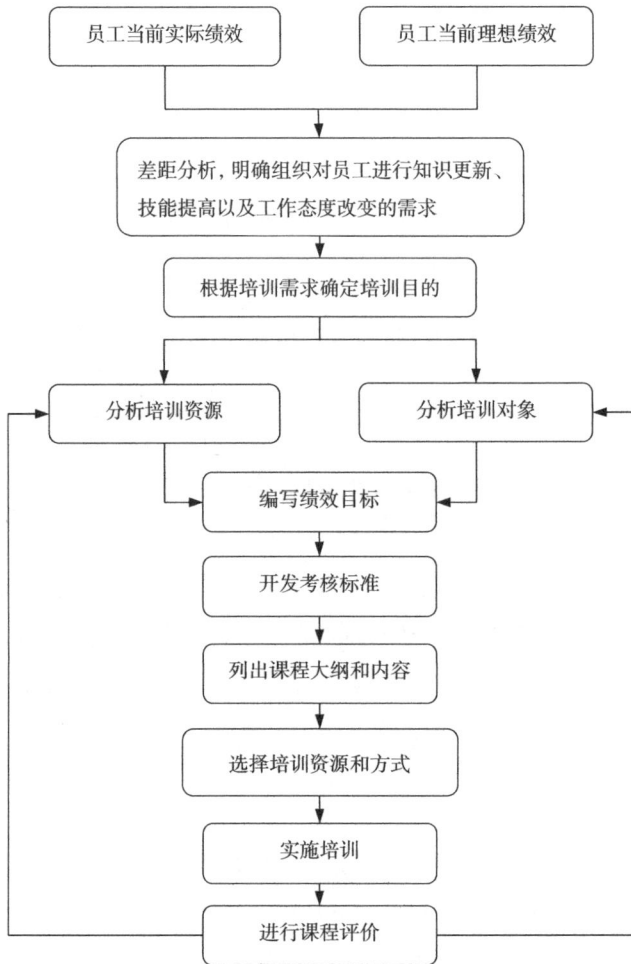

```
┌──────────────────┐      ┌──────────────────┐
│   员工当前实际绩效   │      │   员工当前理想绩效   │
└──────────────────┘      └──────────────────┘
            │                        │
            └───────────┬────────────┘
                        ▼
        ┌────────────────────────────────────┐
        │ 差距分析，明确组织对员工进行知识更新、      │
        │ 技能提高以及工作态度改变的需求            │
        └────────────────────────────────────┘
                        │
                        ▼
        ┌────────────────────────────────────┐
        │      根据培训需求确定培训目的            │
        └────────────────────────────────────┘
            │                        │
            ▼                        ▼
    ┌──────────────┐          ┌──────────────┐
    │  分析培训资源   │          │  分析培训对象   │
    └──────────────┘          └──────────────┘
            │                        │
            └───────────┬────────────┘
                        ▼
              ┌──────────────┐
              │   编写绩效目标   │
              └──────────────┘
                        ▼
              ┌──────────────┐
              │   开发考核标准   │
              └──────────────┘
                        ▼
              ┌──────────────┐
              │ 列出课程大纲和内容 │
              └──────────────┘
                        ▼
              ┌──────────────┐
              │ 选择培训资源和方式 │
              └──────────────┘
                        ▼
              ┌──────────────┐
              │    实施培训     │
              └──────────────┘
                        ▼
              ┌──────────────┐
              │   进行课程评价   │
              └──────────────┘
```

图 1-2　基于绩效改善目的的培训课程体系设计流程

第2章

通用管理技能
培训课程体系设计

2.1 沟通类培训课程体系设计

2.1.1 沟通类培训课程要解决的问题

沟通类培训课程要解决的问题如图2-1所示。

1	改善员工之间以及员工与客户之间的关系
2	加强团队协作，改进团队绩效
3	提高跨部门沟通的效率
4	提高员工在职场中的综合竞争力
5	提高企业内部危机处理的成功率
6	减少因沟通不当产生的误会和错失的机会

解决问题

图2-1 沟通类培训课程要解决的问题

2.1.2 沟通类培训课程的划分维度

沟通类课程作为通用管理技能课程之一，在各大企业内被广泛地开发和推广。常见的沟通类培训课程可通过表2-1所示的几个维度进行划分。

表2-1　沟通类课程的划分维度

序号	维度名称		具体说明
1	内容维度		表达、倾听、反馈、谈判沟通、拜访沟通
2	对象维度	内部	与上级沟通、与同事沟通、与下级沟通
		外部	与客户沟通、与供应商沟通、与经销商沟通、与代理商沟通
3	主体维度	级别	高层管理人员沟通、中层管理人员沟通、基层管理人员沟通
		某类人员	班组长沟通、职业经理人沟通、研发人员沟通、财务人员沟通
		其他	团队沟通、项目沟通、绩效管理沟通、跨部门沟通
4	媒介维度	语言沟通	电话沟通、面对面沟通、会议沟通
		非语言沟通	电子邮件沟通、微信及朋友圈沟通、书信沟通、肢体语言沟通
5	行业部门维度		银行、物流、金融
6	其他		跨文化沟通、双向沟通、冲突沟通、营业厅沟通、呼叫中心沟通

2.1.3　沟通类培训课程的内容体系

虽然各类沟通课程的课程内容不同，但其内容体系设计都基于沟通的通用知识，并在此基础上体现不同对象、不同主体、不同部门、不同行业的特点及要求。沟通类培训课程的内容体系具体如表2-2所示。

表2-2　沟通类培训课程的内容体系

内容类型		内容说明
沟通通用知识内容	表达	高效表达的要素、表达前的准备、表达中的展示、表达后的总结、表达的技巧和方法
	倾听	有效倾听的关键点、倾听的步骤、倾听的技巧、倾听的工具
	反馈	不当反馈的表现、有效反馈的要点、实现有效反馈的方法
不同对象的沟通内容	与上级沟通	与上级沟通的技巧、与上级沟通的禁忌、与上级沟通的注意事项
	与下级沟通	获得下级信任和支持的沟通技巧、与下级沟通中常犯的错误
	与客户沟通	与客户沟通的目的、打破僵局的沟通话术、打破僵局的沟通技巧、与客户有效沟通的步骤、获得客户好感的沟通技巧、处理客户抱怨的技巧
不同主体的沟通内容	中层管理者的沟通	树立沟通意识、认识沟通对象的特点、选择沟通的载体和渠道、控制沟通的过程、关注沟通的效果反馈、掌握沟通的技巧和方法
	绩效管理的沟通	分析绩效沟通对象的个性特点、选择绩效沟通的时机、运用绩效沟通的技巧、控制绩效沟通的结果

内容类型		内容说明
不同媒介的沟通内容	电话沟通	迅速了解客户的情绪及性格，熟知倾听及回应的禁忌事项
	微信沟通	适合采用微信沟通和坚决不能用微信沟通的事项、微信沟通的步骤、增强微信沟通效果的方法

2.1.4 沟通类培训课程体系设计方案

以下是××公司关于沟通类培训课程体系的设计方案，供读者参考。

沟通类培训课程体系设计方案

一、沟通类培训课程体系设计原则

1. 适用性原则

沟通类培训课程体系设计要满足受训人员的个性化培训需求。

2. 有效性原则

沟通类培训课程体系设计要着眼于解决受训人员实际工作中的具体问题，最终促进受训人员工作绩效的改进和提高。

二、沟通类培训课程体系设计前的调研

1. 填写调研问卷

前期针对所有员工展开调研，通过填写调研表来了解员工的培训需求。调研表模板可参见下表。

有效沟通类课程调研

员工姓名		员工岗位		入职年限	
性　　别		学　　历		部　　门	
培训意愿调研	1. 请描述沟通在您工作中的重要程度 □ 非常重要　　□ 重要　　□ 一般　　□ 无作用 2. 您认为您现在是否需要接受有效沟通课程的培训？ □ 迫切需要　　□ 需要　　□ 可有可无　　□ 不需要 3. 您认为影响您沟通培训意愿的因素有哪些？ □ 培训费用　　□ 培训方式　　□ 培训课程　　□ 培训地点 □ 培训时间　　□ 培训讲师　　□ 其他 4. 沟通培训会对您职业目标的达成及人生目标的达成起到什么作用？ □ 非常重要的作用　　□ 重要作用　　□ 一般作用　　□ 无作用				

（续）

（续表）

沟通能力 调研	5. 当您的同事对您进行劝告或者批评时，您的态度如何？ 　□ 很乐意接受　□ 能接受一部分　□ 表面上接受　□ 很抵触、不接受 6. 当您在工作中遇到难题时，您会怎么做？ 　□ 喜欢向同事求助　　□ 困难大时才求助　　□ 无能为力时求助 　□ 从不求助，总是自己解决 7. 当您的同事取得成就并向您描述细节时，您会如何处理？ □ 祝贺他并愿意倾听　　□ 仅表示祝贺　　□ 很羡慕，希望自己也能取得同样 　　　　　　　　　　　　　　　　　　　　　　　　　的成就 □ 敷衍并且走开 8. 您平时所做的沟通工作是否有效？ 　□ 大多有效　　□ 一般有效　　□ 很少有效　　□ 大多无效
课程内容 调研	9. 您认为有效沟通课程应包含哪些内容？ 　□ 沟通方式　　　　□ 沟通技巧　　　　□ 沟通常识 　□ 沟通场合　　　　□ 特殊沟通　　　　□ 其他 10. 您希望有效沟通课程由以下哪些人授课？ 　□ 公司专职讲师　　　□ 沟通类专职讲师　　□ 公司管理人员 　□ 经验丰富的营销人员　□ 外聘讲师　　　　□ 其他 11. 您认为培训采用什么形式效果更好、您更容易接受？ 　□ 非公司内部的公开课　　□ 公司组织的大型（50人以上）集中培训 　□ 周例会培训　　　　　　□ 公司组织的中小型（50人以下）集中培训 　□ 终端带训　　　　　　　□ 公司组织的视频培训 　□ 内部经验交流会　　　　□ 其他 12. 您认为培训采用什么方法效果更好、您更容易接受？ 　□ 讲师课堂口述　□ 角色扮演　　□ 游戏互动　　□ 案例分析 　□ 实战模拟　　　□ 提问互动　　□ 封闭强化　　□ 分组演练 　□ 以赛代练　　　□ 其他

2. 分析调研结果

前期的调研结果显示：95%的被调研者具有沟通类课程的培训需求；90%的被调研者沟通能力需要提升。据此判断，本公司应开展沟通类培训，着手设计沟通类培训课程体系。

三、确定沟通类培训课程体系设计内容

沟通类培训课程体系的设计内容如下表所示。

（续）

沟通类培训课程体系的设计内容

授课对象	课程内容
新入职员工	高效沟通的判断标准、高效沟通的方式、沟通技巧、沟通禁忌
中基层管理者	如何说服他人、怎样有效表达
行政部、人力资源部和财务部等职能部门人员	高效沟通需要满足哪些条件、高效沟通的方法
销售人员	与客户进行电话沟通的技巧、与客户进行面对面沟通的技巧

四、构建沟通类培训课程体系

1. 分析影响沟通类培训课程体系构建的因素

在确定企业沟通类培训课程的内容后，要想构建课程体系，还需要考虑以下两个因素。

（1）企业培训课程的费用投入。

（2）员工培训时间的具体安排。

2. 形成沟通类培训课程体系

沟通类培训课程体系

课程编号	课程名称	授课对象	授课时间	授课时长	培训方式
GL-GT-001	如何进行高效沟通	新入职员工	新员工入职第一周	2.5个小时	在线学习
GL-GT-002	与下级高效沟通的7个方法	中基层管理者	2017年8月13日上午9：00至12：00	3个小时	外部讲师面授
GL-GT-003	轻松说服客户的9种沟通技巧	销售人员	2017年8月15日上午9：00至12：00，下午2：00至5：00	6个小时	外部讲师面授
备注	"GL"代表"管理技能"，"GT"代表"沟通类培训课程"				

2.2 执行类培训课程体系设计

2.2.1 执行类培训课程要解决的问题

执行类课程要解决的问题如图2-2所示。

解决问题	1	改变员工对执行重要性认识不足的现状，提高员工的执行意识
	2	培养员工的执行思维，端正员工的执行态度
	3	提高企业、部门及员工个人的执行效率
	4	掌握高效执行的方法、技巧和工具
	5	降低执行不力造成的风险
	6	防范执行不力带来的危机
	7	减少执行成本的投入和执行资源的浪费

图2-2 执行类课程要解决的7个问题

2.2.2 执行类培训课程的划分维度

企业是否开设执行类课程？企业应当开设哪几门执行类课程？为了回答这两个问题，企业需要明确执行类培训课程的划分维度。常见的执行类培训课程的划分维度如表2-3所示。

表2-3 执行类培训课程的划分维度

序号	维度名称		具体说明
1	内容维度		制订计划、分配任务、采取行动、提升效率、高效授权、有效沟通、时间管理、细节管理、制度保障、流程设计
2	主体维度	级别	高层管理人员执行力、中层管理人员执行力、基层管理人员执行力、一线人员执行力
		某类人员	团队执行力、总裁执行力、营销经理执行力、生产经理执行力、客服人员执行力
		其他	企业文化执行力、企业战略执行力、政策与制度执行力、目标执行力、计划和任务执行力、项目执行力、预算执行力、客户服务执行力
3	行业维度		银行需要的执行力、医院需要的执行力、超市需要的执行力、电信企业需要的执行力、高科技企业需要的战略执行力、制造企业需要的执行力
4	模式维度		丰田执行模式、5D 执行模式、OEC 管理执行模式、海尔执行模式

2.2.3 执行类培训课程的内容体系

应该从哪些方面入手构建执行类培训课程的内容？哪些内容是受训人员感兴趣的和需要掌握的？这些都是企业构建执行类培训课程的内容体系时需要考虑的问题。执行类培训课程的内容体系具体如表2-4所示。

表2-4 执行类培训课程的内容体系

内容类型		内容说明
执行内容模块	高效任务分配方法	任务诊断和分析、任务接收和确认、任务资源评估、任务结果预测、任务量化、人员选择和搭配、任务权责确认
	工作效率提升工具	低效率的表现和原因、把控执行时间、优化执行方法、化解执行难题
	五大体系确保高效执行	文化导向体系、人员权责配备体系、资源支持体系、制度保障体系、督导控制体系

（续表）

内容类型		内容说明
执行主体	中层管理人员执行力提升	明晰自己的执行职责、进行目标设计和分解、制订计划和分配时间、构建执行过程和结果的奖惩标准、明确执行的督导措施、搭建执行中的沟通和协调通道
	提升团队执行力	强化团队执行的理念、找出阻碍团队执行的原因、提升团队执行力的关键、打造团队执行力的工具、打造团队执行力的操作方法
	打造卓越战略执行力	战略执行的准备、高效战略执行的具体评判标准、分解战略目标、构建关键流程、重构权责体系、优化激励机制
	工作计划执行力	完善工作计划的内容、把控计划执行的关键、明确计划执行的要素、构建计划执行的体系、制定高效执行计划的评判标准、掌握高效执行计划的方法
行业	打造制造业的高效执行力	提高制造业执行力的关键、制造业执行力低下的原因、消除制造业执行不力现象的方法、推行精益管理的方法
	提升超市企业执行力的方略	构建高效执行的企业文化、量化高效执行的具体标准、强化高效执行的监督检查、构建高效执行的奖惩措施
执行模式	西点军校模式	打造执行团队、追求结果导向、实现开放共享、实现客户价值、打造3S模式
	丰田模式	丰田模式的本质、丰田模式的14个原则、引进丰田模式的必备条件、引进丰田模式的注意事项

2.2.4　执行类培训课程体系设计方案

以下是××公司关于执行类培训课程体系的设计方案，供读者参考。

执行类培训课程体系设计方案

一、执行类培训课程的培训对象

本企业执行类培训课程的培训对象如下表所示。

执行类培训课程的培训对象

培训对象	培训对象细分
高层管理人员	总经理、行政总监、人力资源总监、营销总监、生产总监
中基层管理人员	各部门经理、各部门主管、区域经理、班组长
普通员工	一线人员、新入职人员、其他员工

（续）

二、执行类培训课程的培训内容和要点

执行类培训课程的培训内容及培训要点如下表所示。

执行类培训课程的培训内容及要点

培训对象	培训内容	培训要点
高层管理人员	转变观念、选择战略、建设文化、制定制度、构建管理团队	了解自我、设定明确的目标、制定有效的策略、开展后续跟踪和监督
中基层管理人员	领悟决策、部署计划、有效授权、善于判断、勇于创新	打造高效执行理念、制定正确的管理措施、掌控工作力度、及时考核和落实、充分协调支持、有效的激励手段、发挥示范作用
普通员工	有效行动、服从指挥、质量过硬	化繁为简、自我控制、主动出击

三、执行类课程体系构建

在综合分析本企业性质和业务模式的基础上，先考虑各级员工执行力提升的优先级，再构建如下表所示的执行类培训课程体系。

执行类培训课程体系

课程编号	课程名称	课程时长	培训对象	培训人数	培训成本
GL-ZX-001	培养卓越的执行力	2个小时	基层员工	86人	人均120元
GL-ZX-002	高效执行的七个工具	3.5个小时	新晋和新任中基层管理人员	21人	人均380元
GL-ZX-003	确保执行到位的五种方法	3个小时	高层管理人员	5人	人均1680元
备注	"GL"代表"管理技能"，"ZX"代表"执行类培训课程"				

四、执行类培训课程体系的评估和改进

本企业对执行类课程的评估可参照下表执行。

（续）

执行类培训课程体系评估表					
培训讲师		培训时间		培训地点	
培训对象		职　务		记 录 员	
培训评估指标	（1）执行意识改进程度 （2）执行效率提高程度 （3）执行效果满意程度 （4）执行问题出现频率				
培训前			培训后		
培训效果					
特殊情况说明					

说明：执行类培训课程体系的改进措施需根据评估结果以及培训需求的变化而定。

2.3　团队建设类培训课程体系设计

2.3.1　团队建设类培训课程要解决的问题

团队建设类培训课程要解决的问题如图 2-3 所示。

1	了解团队类型，选择和管理团队角色
2	掌握团队建设的步骤和团队管理的手段
3	掌握团队沟通、团队教练、团队激励等技能
4	了解团队的发展阶段及领导方式
5	有效化解团队冲突
6	形成团队意识，达成团队目标
7	增强企业、部门的凝聚力，打造高绩效团队

解决问题

图2-3　团队建设类培训课程要解决的7个问题

2.3.2　团队建设类培训课程的划分维度

企业根据自身发展战略和实际情况开设团队建设类培训课程，常见的团队建设类培训课程的划分维度如表2-5所示。

表2-5　团队建设类培训课程的划分维度

序号	维度名称		具体说明
1	内容维度		团队定位、团队目标、组建团队、领导团队、团队执行与协作、团队绩效考核与改善、团队问题诊断与解决、团队压力与危机应对、稳定团队建设根基
2	主体维度	类型	虚拟团队建设、职能团队建设、跨职能团队建设、自我管理团队建设、学习型团队建设、和谐型团队建设、执行型团队建设、创新型团队建设、非正式团队建设
		某类团体	项目团队建设、销售团队建设、研发团队建设、外销团队建设、店销团队建设

（续表）

序号	维度名称	具体说明
3	能力维度	合作协调能力、凝聚力、执行力、领导力、沟通能力、冲突处理能力、激励能力、绩效管理能力、团队问题解决能力、压力和危机应对能力
4	模式维度	高绩效团队建设模式、快乐团队建设模式、王牌团队建设模式、卓越团队建设模式、钻石团队建设模式、精英团队建设模式
5	其他	团队精神、团队生命力、激情团队、体验式团队、知识创新型团队

2.3.3　团队建设类培训课程的内容体系

企业应根据受训人员的特点以及需要掌握的知识和技能，构建团队建设课程的内容体系。常见的团队建设类培训课程的内容体系如表2-6所示。

表2-6　团队建设类培训课程的内容体系

内容类型		内容说明
团队建设内容	团队定位	团队类型划分、团队生命周期、建设团队的目的（达成目标、优化绩效）、团队资源定位（物质资源、无形资源）
	组建团队	团队成员角色定位、团队组建步骤、团队组建技巧、团队组建方法、各类团队组建
	团队考核	考核内容与指标、考核依据和时机、考核方法与工具、团队绩效改善方案、团队绩效改善工具
	团队建设根基	态度为先、忠诚为本、敬业为准、责任为纲
团队主体	学习型团队建设	学习型团队建设九要素、学习型团队培训、学习型团队建设方法、学习型团队建设机制
	虚拟团队建设	建立清晰目标、调整成员角色、营造信任氛围、做好跨文化协调
	职能团队建设	职能团队目标、职能团队定位、职能团队权限、职能团队计划
	销售团队建设	销售团队组建分析、销售团队成员选择、销售团队成员培训、销售团队成员激励、销售团队高绩效沟通、销售团队绩效评估
	项目团队建设	进行项目工作分析、选择项目团队领导者、确定团队成员数量、明确团队运作规范、项目团队的沟通管理、项目团队的冲突管理
	店铺团队建设	店铺团队认知、高效店铺团队的特点与要素、店铺团队的组建步骤、店铺团队的领导技巧、提升店铺团队的认同感、减少店铺团队冲突、树立店铺团队精神

（续表）

内容类型		内容说明
能力维度	团队执行力	高效执行三要素、团队执行力提升方法、团队执行力提升工具、打造团队执行力的九大策略
	团队领导力	团队领导力的源泉、团队领导力的保障、团队领导的责任心、团队文化的塑造、团队领导力的能力提升
	团队凝聚力	统一认识、管理人心、提升影响力、培养高度责任感、团队凝聚力打造技巧和方法
	团队问题解决能力	团队问题诊断内容、团队问题诊断步骤、团队问题诊断工具、各种团队问题的解决方法和技巧
	压力与危机应对能力	区分两种压力、引导形成积极压力、帮助员工释放消极压力、掌握压力应对技巧、团队危机预警、团队危机决策、团队危机处理
团队模式	高效团队建设模式	明确团队目标、确定团队角色、团队有序运作、团队高效沟通、团队有效执行、减少团队冲突、团队文化的推动
	快乐团队建设模式	快乐管理的要素、快乐团队的表现、团队问题预防管理、团队冲突的利用、团队陷阱的表现、打造快乐团队的技巧
其他	团队精神	团队精神认知、打造团队价值观、高效沟通、营造良好的人际氛围、培养高忠诚度、培养贡献精神、营造团队学习氛围
	团队生命力	培养共赢思维、保持良好心态、团队管控与领导、用制度规范团队、用文化和习惯驱动团队前进
	激情团队	团队建设弊端、激情团队认知、团队合作的困难、教练技术在激情团队中的应用、激发团队成员的工作热情

2.3.4 团队建设类培训课程体系设计方案

以下是××企业关于团队建设类培训课程体系的设计方案，供读者参考。

团队建设类培训课程体系设计方案

一、团队建设类培训课程体系设计目的

（1）了解团队发展的理论知识。

（2）有效提升团队的凝聚力，提高团队的合作精神。

（3）培养和增强团队协作意识。

（续）

（4）帮助团队领导者掌握打造高绩效团队的工具、方法和技巧。

二、团队建设类培训课程设计原则

（1）重视思想与理念的培养。

（2）注重团队建设能力的培养。

（3）重视团队建设的工具、方法与技能的培养。

三、团队建设类培训课程体系设计依据

　　企业在构建团队建设类培训课程体系之前，需对企业管理人员及部分员工进行培训需求调查。培训需求调查问卷如下表所示。

团队建设类课程培训需求调查问卷（示例）

　　为了加强企业团队管理、提高团队绩效，企业决定设计团队建设类培训课程体系。本调查问卷主要调查企业管理人员对团队建设类课程的培训需求以及目前已接受的相关培训的现状。企业将在对上述两方面调查结果进行细致分析的基础上，构建团队建设类培训课程体系。

1. 您的团队规模怎样？（　　　）

A. 3 人以下　　　　　　B. 3～6 人　　　　　　C. 7～10 人　　　　　　D. 10 人以上

2. 团队成员间的差异是否明显？（　　　）

A. 不清楚　　　　　　B. 很小　　　　　　C. 较大　　　　　　D. 很明显

3. 团队成员的分工是否合理？（　　　）

A. 没有分工　　　　　　B. 不知道是否合理　　　C. 不合理　　　　　　D. 合理

4. 您认为您的团队最大的竞争优势是什么？（　　　）

A. 成员之间互相信任　　　　　　　　B. 成员的整体素质高

C. 自己的领导能力得到认可　　　　　D. 团队分工合理

E. 团队良好的激励机制　　　　　　　F. 其他（请注明）＿＿＿＿＿＿＿＿＿

5. 您认为影响团队发展的最重要的因素是什么？（　　　）

A. 领导者的能力素养　　　B. 团队成员的能力素养　　　C. 团队管理制度

D. 团队目标的可行性　　　E. 外界环境的影响　　　　　F. 其他（请注明）＿＿＿＿＿＿＿＿＿

6. 在实现团队建设的过程中最大的障碍是什么？（多选，限选 5 项）（　　　）

A. 管理能力较弱　　　　　B. 员工素质不高　　　　　C. 资金保障不足

D. 业务流程不畅　　　　　E. 工作效率低下　　　　　F. 技术水平不高

G. 团队合作程度不高　　　H. 对内对外不讲诚信　　　I. 领导观念陈旧

J. 服务意识差　　　　　　K. 规章制度不健全　　　　L. 授权不足

M. 创新能力不足　　　　　N. 执行力差　　　　　　　O. 其他（请注明）＿＿＿＿＿＿

7. 当员工对某一问题的看法与您不同时，您通常会做什么？（　　　）

A. 允许员工发表意见，并且会采纳正确建议

B. 允许员工发表意见，但听听而已，很少采纳

C. 总是试图说服员工接受自己的看法

（续）

D. 严厉斥责员工，对员工意见不理不睬

E. 其他（请注明）_____

8. 您平时的学习方法是什么？（可多选）（　　）

A. 自己看书　　B. 参加高校学历教育　　C. 参加外部培训班　　D. 在工作中学习

E. 企业组织学习

9. 对于学习，您的态度是什么？（　　）

A. 有需要时再学习　　B. 不需要学习　　C. 没有时间学习　　D. 经常学习

10. 目前您所接受的团队建设类培训课程在数量上您认为够吗？（　　）

A. 远远不够　　B. 不够　　C. 还可以　　D. 足够　　E. 绰绰有余

11. 最近两年您是否参加过团队建设培训，其种类是什么？（可多选）（　　）

A. 没有参加过　　B. 团队沟通培训　　C. 团队合作培训　　D. 团队建设培训

E. 团队管理培训　F. 其他（请说明）_____

12. 您认为下列团队建设培训内容中哪些内容对您胜任当前的工作最有帮助？（　　）

A. 团队结构　B. 团队沟通　　C. 团队人员发展规划　　D. 团队文化建设　E. 团队合作

F. 团队创新　G. 团队绩效测量　H. 团队绩效提高的方法　I. 团队绩效提高技巧

J. 其他（请说明）：_____

其中，急需培训的内容有：

_____

13. 您认为团队建设类培训课程在内容设置上应该注意哪些问题？

A. _____

B. _____

C. _____

14. 您认为过去举办的团队培训课程，其内容方面有哪些需要改进的地方？（　　）

A. 培训内容中的理论应深化　　B. 培训内容中的实用部分应加强　　D. 展示形式应多样化

E. 培训内容太少，可适当增加　F. 培训应少而精

G. 其他（请注明）_____

15. 您认为这门课程最有效的教学方法是什么？请选出您认为最有效的2~3种。（　　）

A. 课堂讲授　　B. 小组讨论　　C. 在职指导　　D. 游戏活动

16. 对于某一门课程来讲，您认为培训时间多长比较合适？（　　）

A. 2个小时　B. 4个小时　C. 7个小时（1天）　D. 14个小时（2天）　E. 14个小时以上

17. 您认为培训安排在什么时间段比较合适？（　　）

A. 上班期间　　B. 下班后　　C. 双休日　　D. 其他

18. 您能接受一年参加几次培训？（　　）

A. 4次　　　　B. 2次　　　　C. 1次　　　　D. 其他

19. 您认为团队建设课程内容应该包括哪些？

_____

（续）

20. 您希望通过团队建设课程学到哪些知识或解决哪些问题？
_____

————非常感谢您能抽出宝贵的时间，谢谢您的参与！————

四、确定团队建设类培训课程体系设计内容

团队建设类培训课程体系设计内容如下表所示。

团队建设类培训课程体系设计内容（示例）

培训项目	培训内容
团队定位	认识团队、团队角色认知、团队类型、团队发展阶段、团队资源定位
团队目标	确立团队目标、评估团队目标、校正团队目标
领导团队	领导方式、授权技巧、决策方法、激励技巧、潜能开发、时间管理、领导法则
团队协作	团队协作能力的影响因素、团队协作能力的提升方法、团队协作能力的提升工具
团队激励	团队激励的方式、针对不同类型员工的激励手段、如何有效运用精神激励
团队沟通	团队沟通的步骤、团队沟通的技巧、团队沟通的禁忌、团队沟通的误区
团队绩效	确定团队考核内容与指标、不同职能团队的考核指标、选择适当的考核时机、确定考核方法与考核工具、团队绩效的改善

五、构建团队建设类课程体系

综合分析本企业性质和业务开展模式，同时考虑员工对于团队建设的培训需求，构建出如下表所示的团队建设类课程体系。

团队建设类培训课程体系

课程编号	课程名称	课程时长	培训对象
GL-TD-001	培养员工的团队协作意识	4 个小时	企业全体员工
GL-TD-002	团队建设及激励	4 个小时	企业各部门经理、各团队领导、新任管理人员
GL-TD-003	高效团队建设	6 个小时	企业中高层管理人员
GL-TD-004	打造金牌销售团队	7 个小时	销售管理人员
GL-TD-005	打造一流的研发团队	8 个小时	高层管理人员，技术、产品及研发管理人员

（续）

（续表）

课程编号	课程名称	课程时长	培训对象
GL-TD-006	优秀项目团队建设	14个小时	企业中高层管理人员、项目经理
备注	"GL"代表"管理技能"，"TD"代表"团队建设类培训课程"		

六、团队建设类培训课程体系的改进

出现下列情况之一时，企业应及时改进团队建设类培训课程体系。

（1）培训课程内容过时。

（2）培训对象出现新的培训需求。

（3）经评估，培训效果很差。

2.4 绩效管理类培训课程体系设计

2.4.1 绩效管理类培训课程要解决的问题

绩效管理类培训课程要解决的问题如图2-4所示。

图2-4 绩效管理类培训课程要解决的8个问题

2.4.2　绩效管理类培训课程的划分维度

企业在设计绩效管理类培训课程体系之前，首先应明确绩效管理类培训课程的划分维度。常见的绩效管理类培训课程的划分维度如表2-7所示。

表2-7　绩效管理类培训课程的划分维度

序号	维度名称		具体说明
1	内容维度		制定有效的绩效目标、设计合理的考核指标、实施绩效考核、绩效考核结果的反馈与绩效改进
2	主体维度	职能	生产绩效管理、技术研发绩效管理、财务绩效管理、销售绩效管理、采购绩效管理
		职级	高层领导者绩效管理、中层管理者绩效管理、基层主管绩效管理
		其他	团队绩效管理、项目绩效管理、部门经理绩效管理、服务绩效管理
3	方法技巧维度		绩效目标制定与分解方法、考核指标设计技巧、绩效考核方法、绩效讨论技巧、绩效面谈技巧、绩效改进技巧、绩效沟通技巧
4	类别维度		战略性绩效管理、目标绩效管理、KPI目标管理、BSC绩效管理
5	模式维度		顾问式的绩效管理、滚动式的目标管理和绩效管理

2.4.3　绩效管理类培训课程的内容体系

企业应根据自身的发展需要和受训人员的培训需求，设计适合本企业员工的绩效管理类培训课程。常见的绩效管理类培训课程的内容体系如表2-8所示。

表2-8　绩效管理类培训课程的内容体系

内容类型		内容说明
绩效管理内容模块	绩效目标和考核指标设计	绩效目标的类型、绩效目标的制定原则、绩效目标的评估与确定、非销售部门的绩效目标制定技巧、考核指标的设计、考核指标的衡量标准
	绩效考核实施	绩效考核前的准备工作、绩效考核中的控制工作、绩效考核后的收尾工作、绩效考核的几种方法、绩效考核中常见的误区
	绩效反馈与改进	绩效反馈原则、绩效反馈的频率、绩效反馈面谈技巧、绩效反馈前面谈双方的准备工作、绩效反馈的步骤、绩效考核结果的应用、处理绩效问题的方法和技巧

（续表）

内容类型		内容说明
绩效管理主体	生产绩效管理	生产绩效概述、设计以问题为导向的 KPI 指标、设计各类生产人员 KPI 指标、设计具体的绩效考核方案、生产主管如何帮助一线员工提升绩效、如何提升生产流程绩效
	销售绩效管理	销售绩效管理概述、建立销售指标体系、确定考核方法、确定考核周期、绩效面谈原则与技巧、销售绩效管理中的常见问题及应对办法
	采购绩效管理	采购绩效概述、采购部门的任务与角色定位、采购绩效的计划、采购绩效的执行、采购绩效的考核、采购绩效的改善
	中高层绩效管理	管理角色认知、绩效管理认知、目标制定与分解、绩效跟进步骤和技巧、绩效考核原则与方法、绩效辅导技能提升、绩效改进程序与改进分析工具
	项目绩效管理	项目绩效管理概论、设计项目绩效量化指标的技巧、关键项目绩效指标权重设计方法、不同项目成员的指标设计、项目绩效指导和绩效沟通技巧、项目绩效考核结果的应用和反馈
绩效管理方法技巧	绩效目标制定与分解方法	PDCA 分析方法、制定目标的 5 个要点、制定目标的 SMART 原则、目标分解沟通技巧、目标分解的方法、设定衡量标准及注意事项
	绩效面谈技巧	绩效面谈前的准备工作、绩效面谈中的控制、绩效面谈后的总结、绩效面谈沟通中的注意事项、处理员工抱怨的技巧、批评员工的技巧
	绩效改进技巧	绩效改进工作中的注意事项、绩效改进的步骤、绩效改进分析的工具、纠正问题员工的步骤和方法、管理者自身改进的几个方面、管理者可以影响部门改进的几个方面、管理者可以影响员工改进的几个方面、员工可以改进的几个方面
绩效管理类别	战略性绩效管理	战略性绩效管理体系概述、平衡计分卡及关键业绩指标制定的技巧、考核维度与考核模式的选择、绩效过程管理与绩效考核的技巧、绩效改进的技巧、绩效考核结果的有效运用
	目标绩效管理	目标管理解析、提升目标绩效的方法、建立目标绩效管理体系、目标绩效管理的实施、目标绩效管理的效果

2.4.4　绩效管理类培训课程体系设计方案

以下是××公司关于绩效管理类培训课程体系的设计方案，供读者参考。

绩效管理类培训课程体系设计方案

一、绩效管理类培训课程的培训对象

（1）人力资源总监、人力资源部经理、绩效考核主管、绩效考核专员。

（2）公司各职能部门经理。

（3）公司高层管理人员，如总经理、副总经理等。

二、绩效管理类课程体系设计目的

（1）深刻理解绩效及绩效管理的内涵。

（2）能够确定科学合理的绩效考核标准与方法。

（3）能够有效地组织并开展绩效考核。

（4）能够准确、具体地把绩效考核结果反馈给被考核者，并提出改进意见和建议。

（5）能够根据考核结果提出奖惩、薪酬调整及培训等方面的建议并组织实施。

三、进行培训需求调查

公司在构建绩效管理类培训课程体系之前，应对培训对象进行培训需求分析，以便有针对性地设置培训课程。培训需求分析以调查问卷的形式展开，问卷的样例如下所示。

绩效考核能力问卷

姓名：_____　　部门：_____　　职位：_____

在企业中，绩效考核能力是指管理者通过系统的方法及原理评估、测量员工业绩及工作效果的能力。请各位通过回答下列问题对自己的该项能力进行测评。谢谢您的合作！

1. 您是否清楚每个下属的绩效目标（　　）

A. 清楚每个下属的　　　　　　　　　　　B. 清楚大部分下属的

C. 只清楚关键下属的

2. 您是否清楚下属的 KPI 指标（　　）

A. 十分清楚　　　　　　　　　　　　　　B. 部分清楚

C. 不是很清楚

3. 对下属进行绩效考核时，通常您是否能严格遵循绩效考核制度（　　）

A. 每次都能　　　　　　　　　　　　　　B. 通常能

C. 偶尔能

4. 在绩效考核时，您最关注下属在以下哪个方面的表现（　　）

A. 工作业绩　　　　　　　　　　　　　　B. 工作态度

C. 工作能力

(续)

(续)

5. 您对下属进行绩效考核的主要依据是什么（ ）

A. 客观事实　　　　　　　　　　　　　B. 他人评价

C. 主观印象

6. 您是否对下属的每项绩效指标都能做出正确的评估（ ）

A. 总是能　　　　　　　　　　　　　　B. 大部分情况下可以

C. 会有些偏差

7. 您是否能针对下属的绩效考核结果给下属提供相应的培训（ ）

A. 总是能　　　　　　　　　　　　　　B. 通常能

C. 偶尔能

8. 您如何认识绩效考核（ ）

A. 缺乏考核就无法进行绩效管理　　　　B. 是绩效管理的一环

C. 等同于绩效管理

9. 您如何为下属设定绩效考核指标（ ）

A. 定性指标和定量指标相结合　　　　　B. 定量指标为主，定性指标为辅

C. 只有定量指标或者只有定性指标

10. 作为管理者，您通常能从绩效考核的结果中发现下属工作中存在的问题吗（ ）

A. 总是能　　　　　　　　　　　　　　B. 通常能

C. 偶尔能

通过分析绩效考核能力调查问卷，了解公司受训人员真正的培训需求，设置合理的绩效管理类培训课程。

四、确定绩效管理类培训课程体系设计内容

绩效管理类培训课程体系设计内容如下表所示。

绩效管理类培训课程体系设计内容（示例）

培训项目	培训内容
绩效管理概述	绩效管理概述、绩效管理的重要性、绩效管理与公司战略的实现、绩效管理的发展阶段、绩效管理体系的构成
绩效目标设定	进行公司总目标分解的技巧、公司目标体系的构建、公司目标的宣讲、绩效目标设定的 SMART 原则
绩效指标设计	分解公司目标、建立 KPI 指标、明确指标的目标值、确定指标考核方式
绩效考核实施	绩效考核前的准备工作、绩效考核方法、绩效考核辅导、明确绩效考核程序和责任人、绩效考核实施技巧、绩效考核实施注意事项

（续）

（续表）

培训项目	培训内容
绩效反馈	绩效结果面谈技巧、避免绩效面谈误区、对绩效结果差的员工进行反馈的技巧、利用绩效结果激励员工的技巧、给予和接受反馈的技巧
绩效改进	绩效改进的注意事项、纠正员工问题的步骤、绩效改进的流程、绩效改进分析工具与方法、行动计划跟进方法

五、构建绩效管理类培训课程体系

综合分析本公司发展战略和课程体系设计目标，同时结合受训人员对绩效管理的培训需求，我们可构建出如下表所示的绩效管理类培训课程体系。

绩效管理类培训课程体系

课程编号	课程名称	课程时长
GL-JX-001	解析绩效管理	2 个小时
GL-JX-002	如何设定绩效考核目标	4 个小时
GL-JX-003	如何设计有效的考核指标	6 个小时
GL-JX-004	绩效考核实施管理	3 个小时
GL-JX-005	绩效反馈技巧	3 个小时
GL-JX-006	绩效结果的运用	14 个小时
备注	"GL"代表"管理技能"，"JX"代表"绩效管理类培训课程"	

注：公司应根据内外部环境的变化，及时调整绩效管理类培训课程体系。

2.5 自我管理类培训课程体系设计

2.5.1 自我管理类培训课程要解决的问题

自我管理是指个人对自己的目标、思想、心理和行为等进行管理，自己约束自己，自己激励自己，自己管理自己。自我管理类培训课程要解决的问题如图 2-5 所示。

图2-5　自我管理类培训课程要解决的8个问题

2.5.2　自我管理类培训课程的划分维度

自我管理类培训课程适用于企业不同职级的员工，常见的自我管理类培训课程的划分维度如表2-9所示。

表2-9　自我管理类培训课程的划分维度

序号	维度名称	具体说明
1	内容维度	角色认知与自我识别、企业认知、工作认知、职业素养、职业礼仪、职业生涯发展与规划

（续表）

序号	维度名称		具体说明
2	主体维度	职级	高层领导者的自我管理、中层管理者的自我管理、基层主管的自我管理
		职能	销售人员的自我管理、采购人员的自我管理、财务人员的自我管理、生产人员的自我管理、行政人员的自我管理
		其他	新员工的自我管理、老员工的自我管理、电话销售人员的自我管理、店长的自我管理
3	能力维度		时间管理能力、沟通能力、压力管理能力、应对冲突能力、情绪管理能力、目标管理能力、合作能力、创新能力、学习能力

2.5.3 自我管理类培训课程的内容体系

常见的自我管理类培训课程的内容体系如表2-10所示。

表2-10 自我管理类培训课程的内容体系

内容类型		内容说明
自我管理内容	角色认知	作为下属的角色认知、作为上级的角色认知、作为同事的角色认知
	工作认知	为什么要工作、工作使命是什么、确定工作愿景、确定工作价值观、掌握职场规则
	职业素养	忠诚、责任、敬业、执行、激情、坚持
自我管理主体	中层管理者的自我管理	中层管理者的角色认知与定位、中层管理者的职业生涯规划、中层管理者的时间管理、中层管理者的职业素养
	销售人员的自我管理	自我管理概述、销售目标管理、销售人员的个人发展规划、销售人员成功的诀窍、销售团队的内部协作、销售团队与非销售团队的协作
自我管理能力	时间管理能力	分清任务的轻重缓急、节省时间的窍门、拒绝干扰的技巧
	沟通能力	沟通前的准备、沟通的三大要素、与不同性格人员的沟通技巧、与上级沟通的技巧、与下属沟通的技巧、与同事沟通的技巧
	合作能力	团队角色认知、高绩效团队的特征、团队合作的基础

2.5.4 自我管理类培训课程体系设计方案

以下是××企业关于自我管理类培训课程体系的设计方案，供读者参考。

自我管理类培训课程体系设计方案

一、自我管理类培训课程体系设计目的
（1）让全体员工明确合格员工的标准。
（2）加强员工的自我管理。
（3）帮助员工重新定位岗位角色。
（4）帮助员工掌握应该具备的基本职业技能。
二、自我管理类培训课程体系的培训对象
自我管理类培训课程体系适用于公司全体员工。
三、明确自我管理类培训课程体系设计内容
自我管理类培训课程体系设计内容如下表所示。

自我管理类培训课程体系设计内容（示例）

培训项目	培训内容
自我认知	了解公司基本情况和所处环境、明确自己在公司中的角色与定位、对自己能力的检测与认知、挖掘自身潜能、职业发展沟通与规划、培养自身的独特优势
目标管理	认清并分解公司目标、工作目标的设定步骤、工作目标的设定方法与工具、达成目标的步骤、达成目标的策略与方法
计划与执行	计划的作用、计划制订的步骤与重点、PDCA管理循环、排除影响计划执行的各种因素、计划与执行技巧、控制与协调技巧
时间管理	制定高效的时间管理方案、利用碎片时间的技巧、避免浪费时间的途径、时间管理的几种方法
情绪管理	找到适合自己的放松方式、保持积极情绪的技巧、减少消极情绪的技巧、如何应对他人的消极情绪、如何运用积极的情绪创造价值和达成目标
自我激励	在逆境中如何自我激励、特殊环境下的自我激励、自我激励的方式
沟通技巧	影响沟通的因素、有效沟通的技巧、沟通前的准备、沟通的三个层次、不同类型人员的沟通技巧
个人发展	个人目标与个人职业生涯规划的关系、个人职业生涯规划与公司目标的关系、个人职业生涯设计的步骤、职业发展通道、职业生涯发展各阶段的努力方向

（续）

四、构建自我管理类培训课程体系

自我管理类培训课程体系如下表所示。

自我管理类培训课程体系

课程编号	课程名称	课程时长	培训形式
GL-ZW-001	自我管理——进行角色认知	2个小时	在线学习
GL-ZW-002	自我管理——设定合理目标	2.5个小时	在线学习
GL-ZW-003	自我管理——制订工作计划	3个小时	在线学习
GL-ZW-004	自我管理——有效利用时间	3.5个小时	在线学习
GL-ZW-005	自我管理——管好你的情绪	2.5个小时	讲师面授
GL-ZW-006	自我管理——实现高效沟通	3个小时	讲师面授
GL-ZW-007	自我管理——如何激励自己	2.5个小时	讲师面授
GL-ZW-008	自我管理——成就职业人生	3个小时	讲师面授
备注	"GL"代表"管理技能"，"ZW"代表"自我管理类培训课程"		

注：公司应根据内外部环境的变化以及新的培训需求，及时调整自我管理类培训课程体系。

2.6 问题解决类培训课程体系设计

2.6.1 问题解决类培训课程要解决的问题

问题解决类培训课程旨在培养企业员工解决问题的观念、能力，帮助员工掌握问题分析的方法与工具。具体而言，问题解决类培训课程要解决的问题如图2-6所示。

1	培养员工解决问题的正确思维
2	帮助员工掌握发现关键问题及确定问题优先级的方法
3	掌握并准确运用问题分析工具
4	找出表现不佳的根源，确定解决方法和改进措施
5	预先分析问题可能发生的原因，防止问题的发生

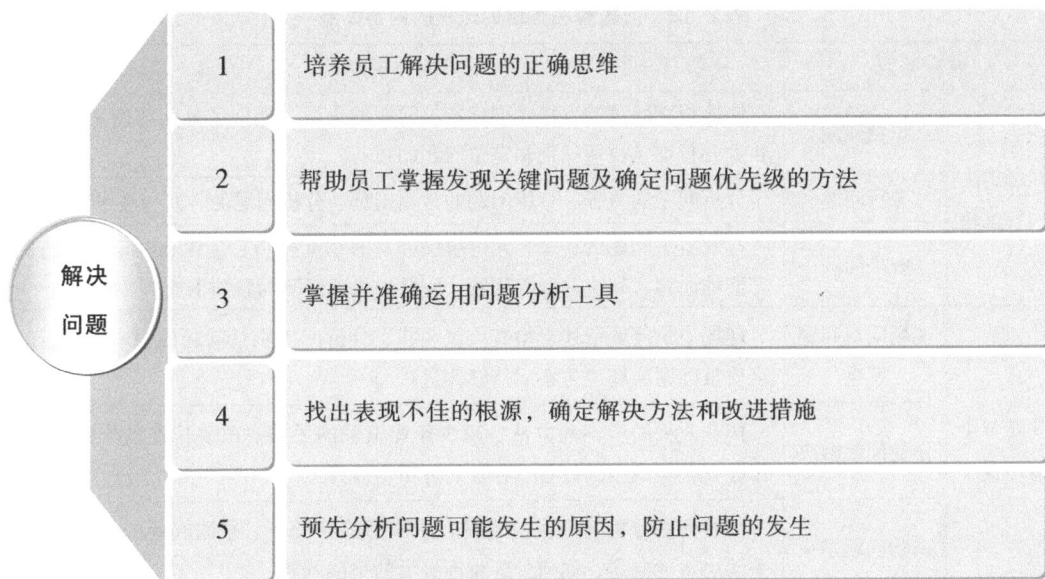

图2-6 问题解决类培训课程要解决的5个问题

2.6.2 问题解决类培训课程的划分维度

常见的问题解决类培训课程的划分维度如表2-11所示。

表2-11 问题解决类培训课程的划分维度

序号	维度名称	具体说明
1	内容维度	树立问题意识、识别问题、分析问题、解决问题、解决问题的技巧、解决问题的工具
2	事项维度	解决现场质量问题、解决作业问题、解决品质问题、解决采购问题
3	方法维度	8D问题解决法、5S问题分析法、6S问题分析与对策、麦肯锡七步法、创造性问题解决方法、突破性思维与问题解决
4	能力维度	识别能力、分析能力、沟通能力、行动能力、方法运用能力、学习能力

2.6.3 问题解决类培训课程的内容体系

企业在构建问题解决课程的内容体系时，应充分考虑企业发展战略和受训人员的实际需求。常见的问题解决类培训课程的内容体系如表2-12所示。

表 2-12　问题解决类培训课程的内容体系

内容类型		内容说明
问题解决内容模块	识别问题	快速识别问题的方法、准确定位问题的手段、如何区分问题的紧急程度和重要程度、快速识别和定位问题的技巧
	分析问题	分析问题的流程、分析问题的常用工具、分析问题的方法与技术
	解决问题	有效解决问题的程序、问题解决方案的制定技巧、选择和确定最佳解决方案的诀窍、解决并跟踪问题、问题的风险预测与预防措施
问题解决事项模块	现场质量问题解决	现场质量问题概述、检查质量现状、分析产生质量问题的根本原因、制定质量问题的解决方案、持续改进
	作业问题解决	作业改善的步骤和方法、减少作业浪费的手段、改善作业动作的技巧、作业安全与卫生的改善、作业的分析与改善
	采购问题解决	采购问题分析与解决的目的、采购形势的分析、采购问题的根源分析、采购决策的制定、如何处理难度极大的采购问题
问题解决方法模块	6S 问题解决法	6S 管理概述、整理与整顿方面的问题与解决对策、清扫活动方面的问题与解决对策、清洁活动方面的问题与解决对策、素养活动方面的问题与解决对策、安全管理方面的问题与解决对策
	创造性问题解决	问题识别与形势评估、问题根源分析、了解创新问题、复杂问题的系统思考与解决
问题解决能力模块	识别能力	识别能力自测、发现问题、甄别问题、界定问题
	分析能力	分析能力自测、分析问题的五个原则、提高分析能力的方法与工具

2.6.4　问题解决类培训课程体系设计方案

以下是××企业关于问题解决类培训课程体系的设计方案，供读者参考。

问题解决类培训课程体系设计方案

一、问题解决类培训课程体系设计目的

（1）树立正确面对问题的心态。

（2）在紧急状况下能理性地处理问题。

（3）分析工作状况，更好地设定任务的优先级。

（4）增加处理问题的确定性，减少错误。

（续）

（5）积累处理关键问题的经验，制定解决方法。

（6）能够更好地管理风险，确保计划顺利实施。

二、明确问题解决类课程的培训对象

问题解决类课程的培训对象如下表所示。

问题解决类课程的培训对象

培训对象	培训对象细分
中高层管理人员	总经理、行政总监、人力资源总监、营销总监、生产总监、财务总监、各部门经理
生产人员	生产部经理、生产主管、班组长、车间主任、一线生产人员
质量人员	质量部经理、质量主管、质量检验人员
采购人员	采购部经理、采购主管、采购专员、供应商管理人员
其他人员	—

三、构建问题解决类培训课程体系

问题解决类培训课程体系如下表所示。

问题解决类培训课程体系

课程编号	课程名称	课程时长	培训对象
GL-WT-001	问题分析与解决内训	4个小时	全体员工
GL-WT-002	如何挖掘和解决生产中存在的问题	6个小时	生产人员
GL-WT-003	作业问题解决技巧	8个小时	生产人员
GL-WT-004	现场质量问题解决与改善	6个小时	质量人员
GL-WT-005	品质问题解决方法与技巧	6个小时	质量人员
GL-WT-006	如何解决采购中存在的问题	8个小时	采购人员
GL-WT-007	问题解决与领导力提升	3.5个小时	中高层管理人员
GL-WT-008	突破思维技巧与问题解决	2.5个小时	中高层管理人员
备注	"GL"代表"管理技能"，"WT"代表"问题解决类培训课程"		

注：公司应根据自身发展战略以及内外部环境的变化，及时调整问题解决类培训课程体系。

第3章

个人能力发展
培训课程体系设计

3.1 职业素养类培训课程体系设计

3.1.1 职业素养类培训课程的划分维度

互联网时代，企业面临的市场竞争日益激烈，要想获取竞争优势，必须先提升员工的职业素养，进而提升企业的竞争力。

职业素养类培训课程可以按诚信、责任、敬业和忠诚 4 个维度进行划分，具体如图 3-1 及表 3-1 所示。

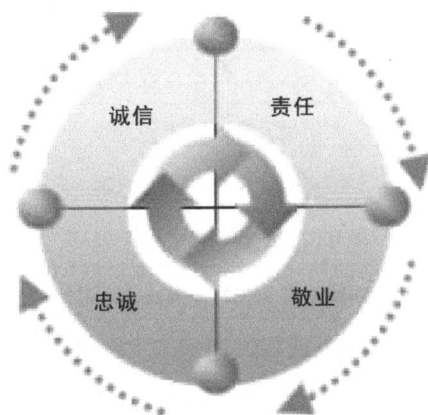

图 3-1 职业素养类培训课程的划分维度

表 3-1 职业素养类培训课程的划分维度

序号	维度名称	具体说明
1	诚信	教导员工在工作中以诚实、善意的心态行使权利、履行义务
2	责任	提升员工在履行基本工作职责的基础上承担新职责的意识
3	敬业	培养员工对工作的忘我投入精神
4	忠诚	提升员工对工作、团队的忠诚度

3.1.2 职业素养类培训课程体系

根据职业素养类培训课程的划分维度，设计出如表5-2所示的职业素养类培训课程体系。

表3-2　职业素养类培训课程体系

课程模块	课程编号	课程名称	授课时间
诚信	CX-001	如何恪守诚信	3 个小时
	CX-002	诚信创造价值	2 个小时
	CX-003	树立员工的诚信观	2 个小时
	CX-004	新员工诚信培训指南	2 个小时
责任	ZR-001	员工如何用行动体现责任	2 个小时
	ZR-002	如何提升员工的责任意识	3 个小时
敬业	JY-001	员工敬业精神的提升之道	3 个小时
	JY-002	提升员工敬业精神的 8 个技巧	2 个小时
忠诚	ZC-001	如何培养员工对企业的忠诚度	3 个小时
	ZC-002	提升员工忠诚度的 6 大绝招	2 个小时
	ZC-003	低成本提高员工忠诚度的 10 种方法	2 个小时
	ZC-004	通过企业文化建设提升员工的忠诚度	2 个小时

3.2　商务礼仪类培训课程体系设计

3.2.1　商务礼仪类培训课程的划分维度

商务礼仪是指在商务活动中对参与各方仪容仪表和言谈举止的约束及规范，它体现了人与人之间的相互尊重。

目前，越来越多的企业开设了商务礼仪培训课程，商务礼仪培训课程可以按地域、性别和事项 3 个维度进行划分。

1. 地域维度

商务礼仪按照地域维度可以划分为 5 个方面, 具体如图 3-2 所示。

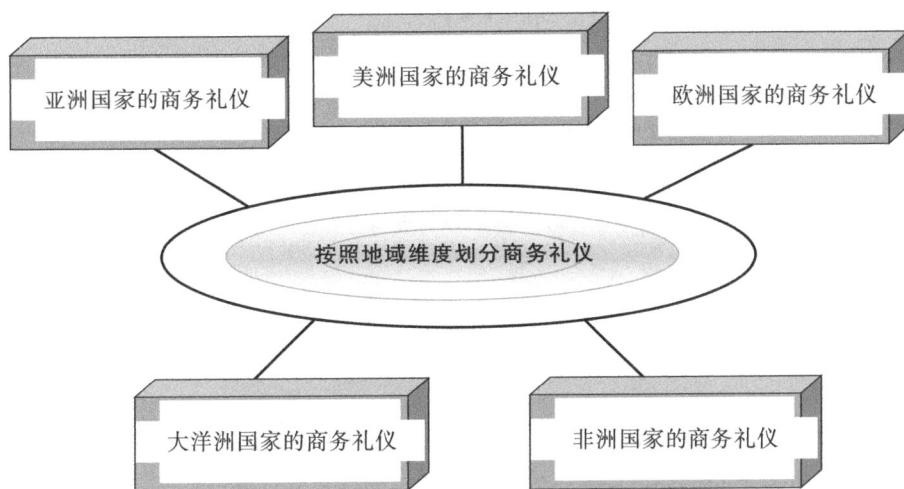

图 3-2　按照地域维度划分商务礼仪

2. 性别维度

商务礼仪按照性别维度可以划分为女性商务礼仪和男性商务礼仪两个方面, 具体如图 3-3 所示。

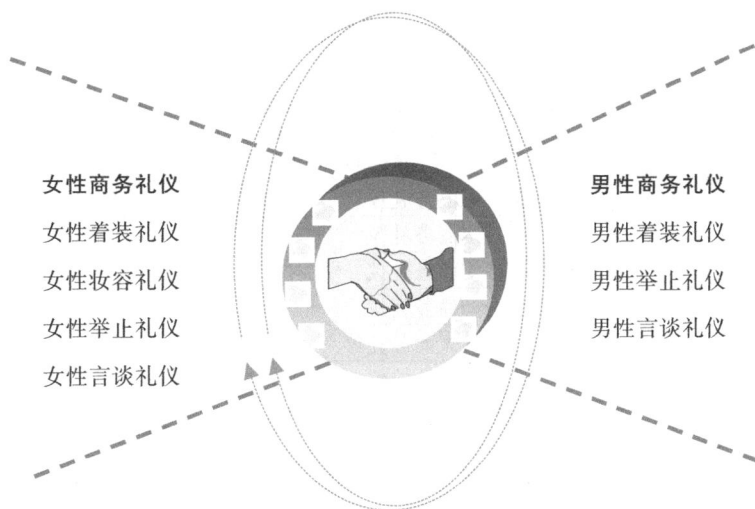

图 3-3　按照性别维度划分商业礼仪

3. 事项维度

商务礼仪按照事项维度可以划分为商务邀约与会面礼仪、商务活动礼仪、商务聚会礼仪以及商务用餐礼仪4个方面，具体如图3-4所示。

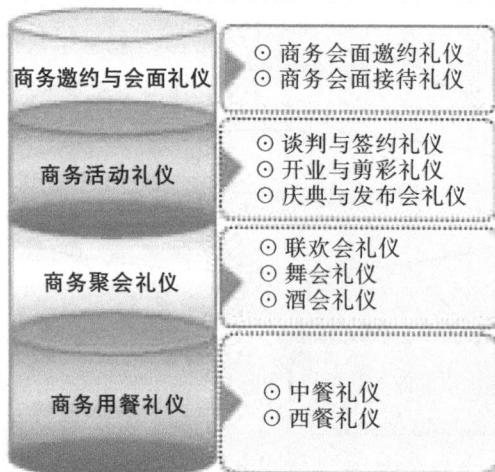

图3-4 按照事项维度划分商业礼仪

3.2.2 商务礼仪类培训课程体系

根据商务礼仪类培训课程的划分维度，企业可以设计出表3-3所示的商务礼仪类培训课程体系。

表3-3 商务礼仪类培训课程体系

内容维度	课程模块	课程名称	授课方式	授课时间
地域	亚洲国家的商务礼仪	轻松学会中国商务礼仪	面授	2个小时
		轻松学会日本商务礼仪	面授	2个小时
		轻松学会韩国商务礼仪	面授	2个小时
	美洲国家的商务礼仪	轻松学会美国商务礼仪	面授	2个小时
		轻松学会加拿大商务礼仪	面授	2个小时
		轻松学会巴西商务礼仪	面授	2个小时
	欧洲国家的商务礼仪	轻松学会英国商务礼仪	面授	2个小时
		轻松学会法国商务礼仪	面授	2个小时
		轻松学会德国商务礼仪	面授	2个小时
	非洲国家的商务礼仪	轻松学会南非商务礼仪	面授	2个小时
		轻松学会尼日利亚商务礼仪	面授	2个小时
	大洋洲国家的商务礼仪	轻松学会澳大利亚商务礼仪	面授	2个小时
		轻松学会新西兰商务礼仪	面授	2个小时

内容维度	课程模块		课程名称	授课方式	授课时间
性别	女性	着装	女性商务场合着装规范	现场演示	3 个小时
			女性商务着装与配饰巧搭全攻略	现场演示	3 个小时
			如何正确识别商务请柬中对着装的要求	面授	2 个小时
		妆容	女性商务妆容典范	现场演示	3 个小时
		举止	商务场合女性如何做到举止优雅	面授	3 个小时
			商务场合女性行走礼仪	现场演示	3 个小时
		言谈	女性言谈用语礼仪	面授	3 个小时
			女性言谈语调礼仪	现场演示	2 个小时
			女性言谈中的聆听礼仪	现场演示	2 个小时
	男性	着装	男性商务场合着装规范	现场演示	2 个小时
		举止	商务场合男性行走礼仪	现场演示	2 个小时
			商务场合男性手势礼仪	现场演示	2 个小时
		言谈	男性言谈用语礼仪	面授	2 个小时
			男性言谈语调礼仪	现场演示	2 个小时
			男性言谈中的聆听礼仪	现场演示	2 个小时
事项	商务邀约与会面	邀约	当面邀约礼仪	面授	2 个小时
			电话邀约礼仪	面授	2 个小时
			微信邀约礼仪	面授	2 个小时
			电子请柬邀约礼仪	面授	2 个小时
		会面	接机/接车礼仪	面授	2 个小时
			陪车礼仪	面授	2 个小时
			介绍礼仪	面授	2 个小时
			名片使用礼仪（包括微信添加好友礼仪）	现场演示	2 个小时
			迎客礼仪	现场演示	2 个小时
			握手礼仪	现场演示	2 个小时
			电梯礼仪	现场演示	2 个小时
			商务馈赠礼仪	现场演示	2 个小时
			告别礼仪	现场演示	2 个小时

（续表）

内容维度	课程模块		课程名称	授课方式	授课时间
事项	活动		谈判与签约礼仪	面授	2个小时
			开业与剪彩礼仪	面授	2个小时
			庆典礼仪	面授	2个小时
			发布会礼仪	面授	2个小时
	聚会	联欢会	联欢会主持人礼仪	现场演示	2个小时
			联欢会嘉宾礼仪	现场演示	2个小时
		舞会	舞会礼仪	现场演示	2个小时
	用餐	中餐	中餐礼仪	现场演示	2个小时
		西餐	西餐礼仪	现场演示	2个小时

3.3　思考能力类培训课程体系设计

3.3.1　思考能力类培训课程要解决的问题

提升员工思考能力类培训课程要解决的问题如图3-5所示。

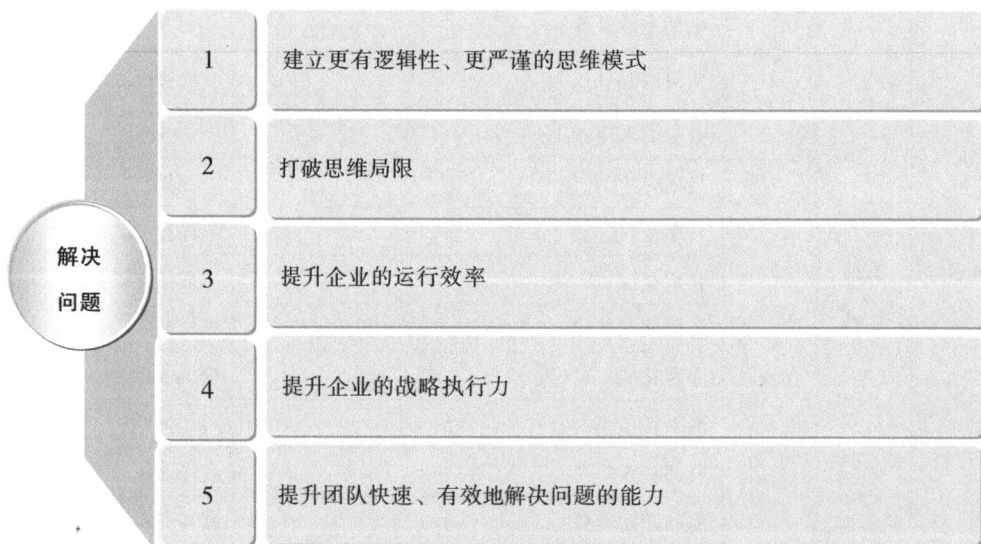

解决问题

1	建立更有逻辑性、更严谨的思维模式
2	打破思维局限
3	提升企业的运行效率
4	提升企业的战略执行力
5	提升团队快速、有效地解决问题的能力

图3-5　思考能力类培训课程要解决的5个问题

3.3.2 思考能力类培训课程的划分维度

常见的思考能力类培训课程的划分维度如表3-4所示。

表3-4 思考能力类培训课程的划分维度

序号	维度名称	具体说明
1	内容维度	养成思考的习惯、突破固有思维、克服从众心理、丰富想象力
2	主体维度	管理者的思考能力、员工的思考能力、团队思考能力
3	方式方法维度	六顶思考帽、系统思考、水平思考、垂直思考

3.3.3 思考能力培训课程的内容体系

常见的思考能力培训课程的内容体系如表3-5所示。

表3-5 思考能力培训课程的内容体系

内容类型		内容说明
思考能力内容模块	养成思考的习惯	思考的重要性、养成思考习惯的程序、养成思考习惯的技巧与工具
	克服从众心理	出现从众心理的原因、从众心理的危害、如何克服从众心理
思考能力主体模块	管理者的思考能力	管理者思考能力概述、变革对管理者思维方式的挑战、思维的陷阱、如何打破思维定式、思考的工具
	员工的思考能力	人类思维方式的发展历程、思考方式的培养、帮助思考的工具
思考能力方式方法模块	六顶思考帽	白帽思维介绍与应用、红帽思维介绍与应用、黄帽思维介绍与应用、黑帽思维介绍与应用、绿帽思维介绍与应用、蓝帽思维介绍与应用
	系统思考法	系统思考概述、系统思考的原则、系统思维技能选择技巧、系统思考解决问题的基本框架
	水平思考	水平思考概述、水平思考的运用原则、水平思考与垂直思考的比较
	垂直思考	垂直思考概述、垂直思考的优缺点、垂直思考的重要性、垂直思考与水平思考的比较

3.3.4　思考能力类培训课程体系设计方案

以下××企业关于思考能力类培训课程体系的设计方案，供读者参考。

思考能力类培训课程体系设计方案

一、思考能力类培训课程需求分析

公司培训部采用访谈及观察的形式对员工进行了需求调研，调研的内容集中在以下6个方面。

（1）开展工作过程中困扰你的因素有哪些？

（2）开展工作过程中哪些人会对你产生影响？

（3）用什么样的心态去面对自己的工作？

（4）工作中最让你感到不满意的事情是什么？

（5）工作中最让你感到满意的事情是什么？

（6）你现在最需要哪些针对思考能力提升的培训课程？

经过调研，公司决定设计思考能力类培训课程体系，帮助员工学会理性、客观地思考工作和生活，避免外界干扰，安心工作、快乐工作。

二、明确思考能力类课程的培训目标

（1）明确员工自身在工作和生活中的真实处境。

（2）掌握工作中正确的思维方式。

（3）了解生活中正确的思维方式。

三、确定思考能力类课程的培训内容

思考能力类课程的培训内容如下表所示。

思考能力类课程的培训内容

培训项目	培训内容
通用思维	通用思维概述、通用思维的核心、通用思维的培养条件、通用思维的培养方法
六顶思考帽	六顶思考帽的价值、六顶思考帽的思考方法、六顶思考帽思维训练分析、六顶思考帽思考方法的系统应用
思考力	个人思考方式的发展，思考方法、思考技巧的养成，思维突破

（续）

四、构建思考能力类培训课程体系

思考能力类培训课程体系如下表所示。

思考能力类培训课程体系

课程编号	课程名称	课程时长	培训对象
GL-SK-001	培养通用思维	4个小时	全体员工
GL-SK-002	六顶思考帽	6个小时	全体员工
GL-SK-003	突破思维定式的技巧	5个小时	全体员工
GL-SK-004	团队思考创绩效	8个小时	中高层管理人员
备注	"GL"代表"管理技能"，"SK"代表"思考能力类培训课程"		

注：公司应根据发展战略以及内外部环境的变化，及时调整思考能力类培训课程体系。

第4章

生产管理
培训课程体系设计

4.1 生产过程管理类培训课程体系设计

4.1.1 生产过程管理类培训课程的划分维度

生产过程是集物流、信息流和资金流于一体的复杂管理过程，生产过程自身的这种复杂性也决定了生产过程管理是一项复杂的任务。

通常情况下，生产过程包括制订生产计划、编制物料需求计划、生产作业和生产检验4个环节，我们可以根据每个生产环节不同的管理特点，把生产过程管理类课程按以下6个维度进行划分：生产计划管理、物料需求管理、生产设备管理、生产现场管理、生产成本管理以及生产安全管理。

4.1.2 生产过程管理类培训课程体系

基于生产过程管理类课程的划分维度以及生产类岗位能力素质模型的要求，企业可以设计出表4-1所示的生产过程管理类培训课程体系。

表4-1 生产过程管理类培训课程体系表

课程模块	课程名称	培训对象
生产计划管理	（1）生产计划编制技巧 （2）产能规划与排程技巧	生产部经理、生产计划主管、生产调度主管、车间主任、生产班组长、生产计划专员、生产调度专员
物料需求管理	（1）生产计划与物料控制（PMC）实操技法 （2）ERP系统基本知识入门 （3）ERP系统应用技能提升训练	生产部经理、生产计划主管、生产调度主管、车间主任、生产班组长、生产统计员
生产现场管理	（1）生产现场如何"管" （2）5S管理技巧 （3）目视化管理实施技巧 （4）精益生产管理实战训练 （5）生产现场改善与问题解决	生产部经理、车间主任、生产班组长

（续表）

课程模块	课程名称	培训对象
生产设备管理	(1) 如何实现设备零故障 (2) 设备保养101招 (3) 如何使设备能力持续改善 (4) 全员设备维护（TPM）实施要点与技巧	车间主任、生产班组长、一线生产人员
生产成本管理	(1) 生产成本管理知识入门 (2) 有效进行生产成本核算的几个技巧 (3) 生产成本控制的5大工具 (4) 如何有效识别生产浪费 (5) 降低生产成本的9大策略	生产部经理、生产计划主管、生产调度主管、车间主任、生产班组长
生产安全管理	(1) 如何提高生产人员的安全生产意识 (2) 生产安全管理技法提升训练 (3) 如何迅速处理生产安全事故	生产部经理、车间主任、生产班组长、一线生产人员

4.2　质量管控类培训课程体系设计

4.2.1　质量管控类培训课程的划分维度

质量管控类培训课程可以按照质量管理的具体事项划分为8个维度，具体如图4-1及表4-2所示。

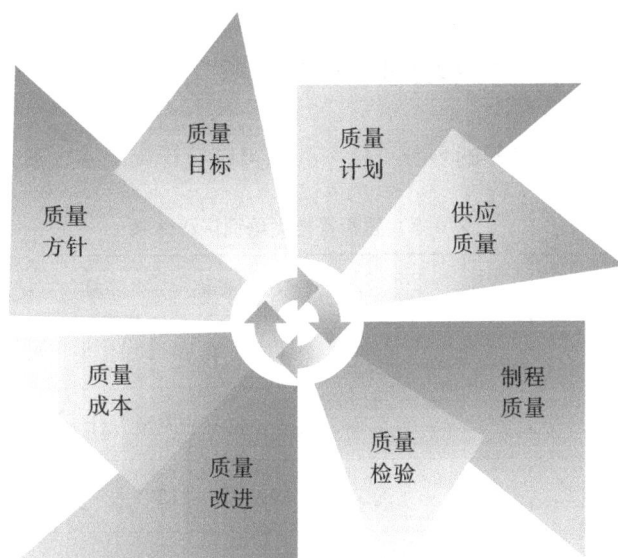

图4-1 质量管控类培训课程的划分维度

表4-2 质量管控类培训课程的划分维度

序号	维度名称	具体说明
1	质量方针	质量方针内容、质量方针制定方法及流程、质量方针实施等
2	质量目标	质量目标基本知识、质量目标的制定、质量目标的分解与展开、质量目标实施、质量目标管理工具等
3	质量计划	质量计划基本知识、质量计划编制、质量计划的调整和更改等
4	供应质量	供应商选择、供应商质量评估与分析、供应商质量考核以及供应商质量持续改进等
5	制程质量	制程质量管理基本知识、制程质量标准的制定、制程质量数据收集与分析以及制程质量异常处理等
6	质量检验	质量检验基本知识、产品质量检验方法与工具、质量异常情况的处理方法与工具等
7	质量改进	质量改进项目选择、质量改进项目分析、质量改进实施以及质量改进总结等
8	质量成本	质量成本基本知识、质量成本预测与计划、质量成本核算与分析、质量成本报告、质量成本考核以及质量成本改善等

4.2.2　质量管控类培训课程体系

根据质量管控类培训课程的划分维度，我们可以设计出表4-3所示的培训课程体系。

表4-3　质量管控类培训课程体系

课程模块		课程名称	授课时间
质量方针	质量方针概述	成功企业的质量方针解读	2个小时
		如何设定适合企业的质量方针	3个小时
	质量方针确定	确定质量方针内容的12大技巧	3个小时
	质量方针实施	如何制定质量方针实施控制标准	3个小时
		企业质量方针实施策略	3个小时
质量目标	基础知识	质量目标管理知识导论	2个小时
	质量目标制定	7步制定质量目标	3个小时
	质量目标分解	质量目标分解方法与工具	2个小时
	质量目标实施	如何建立有效的质量目标管理制度	3个小时
		质量目标实施的6种方法	3个小时
		质量目标实施过程中的常见"病"以及应对措施	3个小时
	质量目标考核	质量目标考核6大策略	2个小时
质量计划	基本知识	质量计划基础知识入门	2个小时
	质量计划编制	轻松掌握质量计划编写技巧	2个小时
	质量计划实施	质量计划实施管控的几个策略	3个小时
	质量计划调整与变更	质量计划调整与变更管理技巧	2个小时

（续表）

课程模块		课程名称	授课时间
供应质量	供应商选择	解码高质量供应商的特质	2个小时
		选择高质量供应商的十个策略	3个小时
	供应商质量分析	供应商质量分析方法与工具	3个小时
	供应商质量考核	如何确定供应商质量考核内容	2个小时
		合理设计供应商质量考核指标的5大秘诀	3个小时
		供应商质量考核技能提升训练	3个小时
		8步评估供应商等级	2.5个小时
	供应商质量持续改进	如何引导供应商做好质量持续改进工作	2个小时
制程质量	基本知识	制程质量基础知识快速入门	2.5个小时
	制程质量标准制定	如何制定制程质量标准	2个小时
	制程质量数据分析	常用的制程质量数据收集工具	2个小时
		常用的制程质量数据统计分析工具及其使用技能提升训练	3个小时
	制程质量检验结果分析	制程质量检验数据分析的几个工具	3个小时
		制程质量检验结果分析技能提升训练	3个小时
		制程质量检验结果报告编制的几大技巧	3个小时
质量检验	基本知识	质量检验基本知识快速入门	3个小时
	质量检验文件编写	质量检验文件编写方法和技巧	3个小时
		质量检验规范编写技巧	2个小时
	质量检验方法与工具	质量检验方法的选择与使用技巧	3个小时
	质量检验实施	质量检验实施技能与策略	3个小时
	质量检验结果分析	质量检验误差与数据处理技能	2个小时
		质量检验数据分析技巧	3个小时
		质量检验报告编制技巧	2个小时

（续表）

课程模块		课程名称	授课时间
质量改进	质量改进项目选择	如何选择质量改进项目	2 个小时
	质量改进项目分析	质量改进项目分析实施技能提升训练	3 个小时
		8D 手法的应用技巧	2 个小时
	质量改进实施	质量改进实施管控技能提升策略	2.5 个小时
		如何利用品管圈实施产品质量改进	3 个小时
	质量改进总结	质量改进总结报告的编写技巧	2 个小时
质量成本	质量成本基本知识	质量成本管理基础知识一点通	3 个小时
	质量成本预测与计划	质量成本预测的方法与模型	3 个小时
		编制质量成本计划编制的方法与策略	3 个小时
		质量成本计划实施及管控技能提升训练	2 个小时
	质量成本核算与分析	如何正确设置成本会计科目	2 个小时
		识别质量成本类型的方法与技巧	3 个小时
		如何从制造费用中识别出质量成本	2 个小时
		质量成本核算技能提高训练	4 个小时
		质量成本分析的 4 大方法	2 个小时
		质量成本结构分析技巧	2 个小时
	质量成本报告	质量成本报告编写要求与规范	3 个小时
		报表式质量成本报告编写技巧	2 个小时
		图表式质量成本报告编写技巧	2 个小时
		陈述式质量成本报告编写技巧	2 个小时
	质量成本考核	如何设计有效的质量成本考核指标体系	3 个小时
		高效实施质量成本考核的策略	3 个小时
		质量成本考核结果的运用技巧	2 个小时
	质量成本改善	降低预防成本的策略	2 个小时
		降低鉴定成本的策略	2 个小时
		降低内部损失成本的策略	2 个小时
		降低外部损失成本的策略	2 个小时

4.3 生产问题解决类培训课程体系设计

4.3.1 生产问题改善列表

企业在成长过程中常常会经历各种不同的阶段、遇到各类不同的问题。对于生产型企业来说，其在生产业务方面可以进行改善的问题有 4 类，具体内容如表 4-4 所示。

表 4-4 生产问题改善列表

序号	问题概要	问题细化说明
1	生产运作流程不畅	生产运作流程不顺畅带来的最直接的影响就是平均工时增加，从而导致生产现场的工作效率降低，甚至导致产品不能按时交货
2	生产浪费	例如因不良品的混入而造成大量返工、材料使用量超过规定标准等
3	设备故障	设备故障是由于设备保养不到位或设备超负荷运转造成的，它将直接影响生产进度和生产质量
4	安全事故	安全事故发生的原因主要包括企业安全管理制度不健全，安全检查不及时、不到位，存在安全隐患等

4.3.2 针对生产问题开发培训课程

通常情况下，针对生产问题开发培训课程的步骤如图 4-2 所示。

步骤名称	具体内容
生产问题调查与分析	1. 课程设计人员应针对已经出现的生产问题采用问卷调查法与面谈法等方法进行调查，并对调查结果进行分析，找到某类生产问题产生的主要原因 2. 一般情况下，生产问题产生的原因主要包括人员原因、环境原因、技术原因、管理原因以及其他原因等
找出通过人员培训可以解决的生产问题	找出由于生产业务人员缺乏相应的知识、技能和素养等产生的生产问题，这些问题是可以通过系统培训解决的
确定课程目标和课程内容	确定培训课程目标和课程内容，注意课程内容要分为不同的层次，由浅入深，由概念到方法再到工具

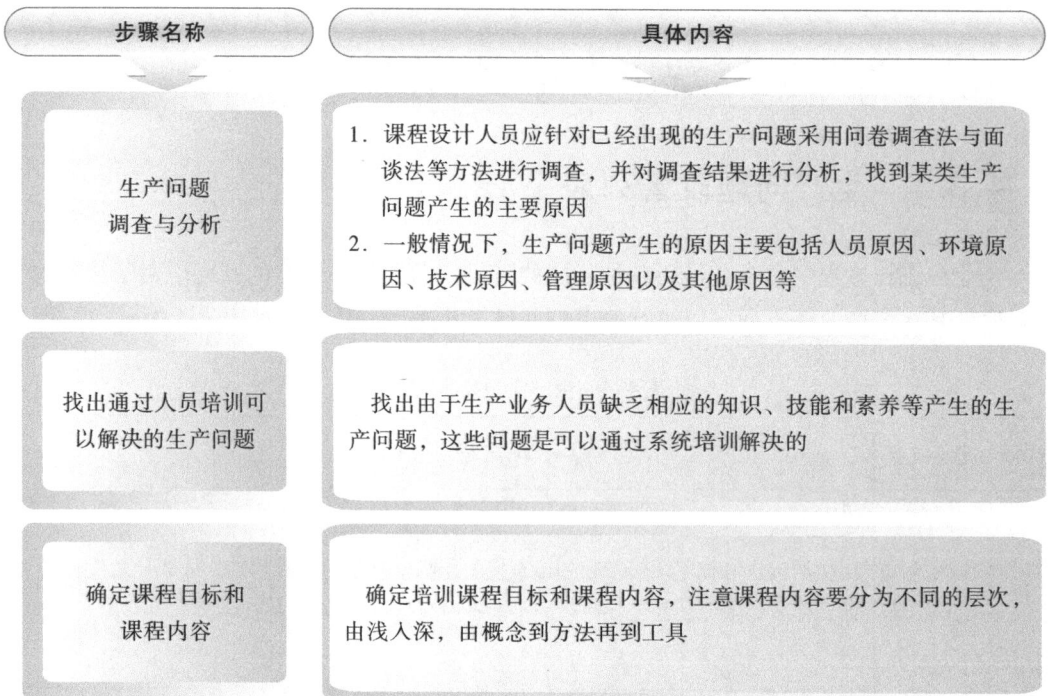

图4-2　针对生产问题开发培训课程的步骤

4.3.3　生产问题解决类培训课程体系

根据生产问题改善列表及相应课程的开发步骤，我们可以设计出表4-5所示的生产问题解决类培训课程体系。

表4-5　生产问题解决类培训课程体系

问题	课程名称	课程目标	适用对象
生产运作流程不畅	生产运作管理诊断	确定企业生产运作中存在的问题，评估问题的性质和影响，帮助生产业务人员制定解决方案	生产部经理、生产调度主管、车间主任、班组长
	生产运作流程改进实操技法	找出企业生产流程运作不畅的原因，运用流程图等工具对生产运作流程进行改进	生产部经理、生产调度主管、车间主任、班组长

（续表）

问题	课程名称	课程目标	适用对象
生产浪费	如何有效消除生产浪费	掌握生产过程中产生浪费的原因，学习减少浪费的工具和方法	生产部经理、车间主任、班组长、一线生产人员
设备故障	企业设备保养常识与技巧	掌握企业设备保养常识和保养技巧，降低生产过程中发生设备故障的概率，提高生产效率	车间主任、班组长、一线生产人员
	企业设备故障的预防与常见故障排除	使生产业务人员熟悉企业设备故障发生前的征兆，并通过故障征兆判断故障类型，迅速制定故障排除措施	车间主任、班组长、一线生产人员
安全事故	生产安全基本常识及事故防范培训	熟悉各种安全基本常识和事故预防知识，帮助生产业务人员树立安全意识	车间主任、班组长、一线生产人员

此外，企业还应根据自身特点，找出其他常见的生产问题，设计开发相应的课程，提高生产人员的能力，将生产问题的发生率降至最低。

4.4 质量问题解决类培训课程体系设计

4.4.1 质量问题分析列表

对企业而言，要想提高经济效益，方法之一就是提高产品质量。企业内部可以改善的质量问题主要包括表4-6所示的5个方面。

表4-6　质量问题分析列表

序号	问题类型	问题说明
1	质量意识不高	企业质量管理人员和生产人员对质量的重要性缺乏应有的认识，在实际工作中不能及时发现质量问题
2	原材料、外协件产品质量问题	供应商的原材料质量差、企业检验人员工作不到位等现象，将导致不合格原材料流入企业生产线，产生大量不合格品；此外，企业所选外协厂商的生产质量水平差异较大，也会导致外协件存在互不匹配的问题
3	产品质量不稳定	企业在生产产品时，为了能够按时完成生产计划或应对紧急插单，有时就会减少生产环节，从而导致产品质量不稳定
4	质量管理工作不到位	质量管理人员缺乏责任心，在质量管理工作中不够认真负责；出现质量问题时又相互推卸责任
5	质量成本管理混乱	不能正确区分质量成本费用的类型，质量成本科目设置错误，导致企业质量成本费用数据不能正确地反映企业的真实情况

4.4.2　质量问题解决类培训课程体系

针对企业存在的一系列质量问题，我们可以设计出表4-7所示的质量问题解决类培训课程体系。

表4-7　质量问题解决类培训课程体系

问题	课程名称	授课时间
质量意识不高	如何树立正确的质量意识	2个小时
	企业员工质量意识提升训练	2个小时
原材料、外协件产品质量问题	提高质量检验人员专业检验技能的9个秘诀	3个小时
	通用原材料质量检验工具操作技能提升训练	3个小时
	选择高质量供应商的诀窍	2个小时
	如何指导供应商进行质量改善	2个小时
	企业正确选择外协厂的8大策略与技巧	3个小时
产品质量不稳定	生产计划执行管控技能提升训练	3个小时
	有效处理紧急插单的6大策略	3个小时
	质量管理人员必备的8大质量管理技能	3个小时

（续表）

问题	课程名称	授课时间
质量管理 工作不到位	质量管理人员如何树立正确的责任意识	2个小时
	质量管理人员如何用实际行动承担起质量管理责任	2个小时
质量成本 管理混乱	有效识别质量成本类型的方法与技巧	2个小时
	正确设置质量成本科目的技巧	2个小时

第5章

营销管理
培训课程体系设计

5.1 市场推广类培训课程体系设计

5.1.1 市场推广类培训课程的划分维度

市场推广就是聚焦、放大、沟通、说服目标客户购买企业产品的过程。市场推广类培训课程可以按照图 5-1 所示的 4 个维度进行划分。

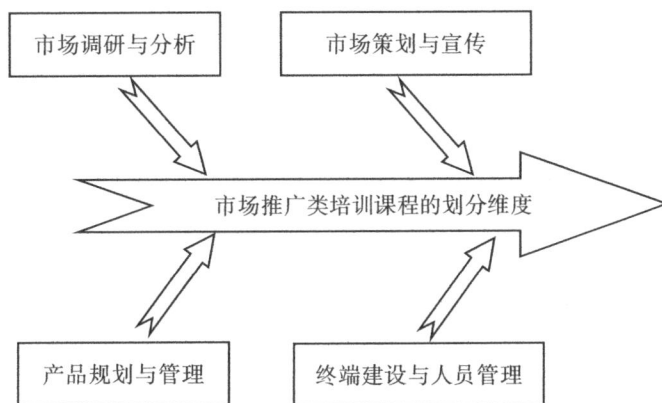

图 5-1 市场推广类培训课程的划分维度

5.1.2 市场推广类培训课程体系

根据市场推广类培训课程的划分维度，可以设计出表 5-1 所示的培训课程体系。

表 5-1 市场推广类培训课程体系

课程模块	课程模块细分	课程名称	培训对象
市场调研与分析	市场调研	1. 市场调研基础知识与应用 2. 市场调研技能提升训练 3. 各类市场调研问卷设计要点与方法	市场部经理、市场调研主管、市场调研专员
	市场分析	1. 市场调研数据分析处理工具与方法 2. 分析竞争对手的方法 3. 市场调研报告的撰写技巧	

（续表）

课程模块	课程模块细分	课程名称	培训对象
产品规划与管理	——	1. 产品市场定位与品牌策略 2. 如何进行有效的产品组合	市场部经理、市场推广主管、广告主管、品牌主管、市场推广专员、广告专员
市场策划与宣传	市场策划	1. 市场策划基本知识与应用 2. 市场策划实操技法 3. 撰写市场策划书的技巧	市场部经理、市场推广主管、广告主管、公关主管、市场推广专员、广告专员、公关专员
	市场宣传	1. 如何选择广告媒体 2. 商品广告策划技能提升训练 3. 公关广告实施技巧	
终端建设与人员管理	——	1. 如何建设有效的终端分销网络 2. 市场推广团队的领导与激励 3. 市场推广人员自我管理10项训练	市场部经理、市场推广主管、市场推广专员

5.2 销售渠道管理类培训课程体系设计

5.2.1 销售渠道管理类培训课程的划分维度

销售渠道是企业产品向消费者转移的过程中经过的路径，这个路径由销售机构、代理商、经销商、零售店等组成。

销售渠道管理类培训课程可以按销售渠道决策、销售渠道拓展、销售渠道建设以及销售渠道冲突解决4个维度进行划分，具体如图5-2所示。

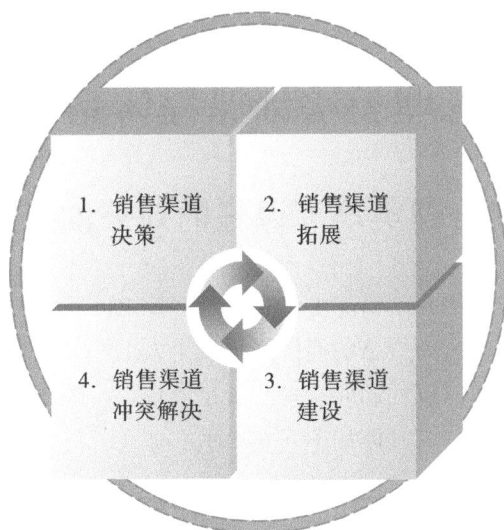

图 5-2　销售渠道管理类培训课程的划分维度

5.2.2　销售渠道管理类培训课程体系

根据销售渠道管理类培训课程的划分维度，可以设计出图 5-3 所示的培训课程体系。

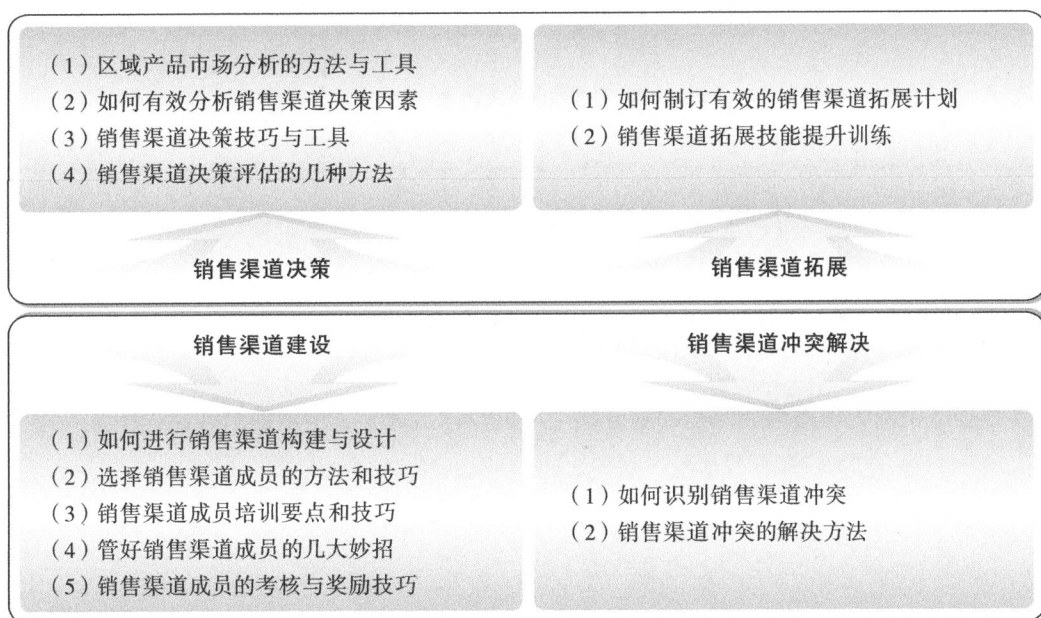

（1）区域产品市场分析的方法与工具
（2）如何有效分析销售渠道决策因素
（3）销售渠道决策技巧与工具
（4）销售渠道决策评估的几种方法

销售渠道决策

（1）如何制订有效的销售渠道拓展计划
（2）销售渠道拓展技能提升训练

销售渠道拓展

销售渠道建设

销售渠道冲突解决

（1）如何进行销售渠道构建与设计
（2）选择销售渠道成员的方法和技巧
（3）销售渠道成员培训要点和技巧
（4）管好销售渠道成员的几大妙招
（5）销售渠道成员的考核与奖励技巧

（1）如何识别销售渠道冲突
（2）销售渠道冲突的解决方法

图 5-3　销售渠道管理类培训课程体系

5.3 经销商管理类培训课程体系设计

5.3.1 经销商管理类培训课程的划分维度

经销商又称中间商，是指介于商品生产企业与客户之间，参与商品交易业务，促使买卖行为发生和实现，且具有法人资格的经济组织或个人。

经销商管理培训课程可以按经销商选择、经销商培育、经销商激励、经销商考核以及经销商奖惩 5 个维度进行划分，具体如图 5-4 所示。

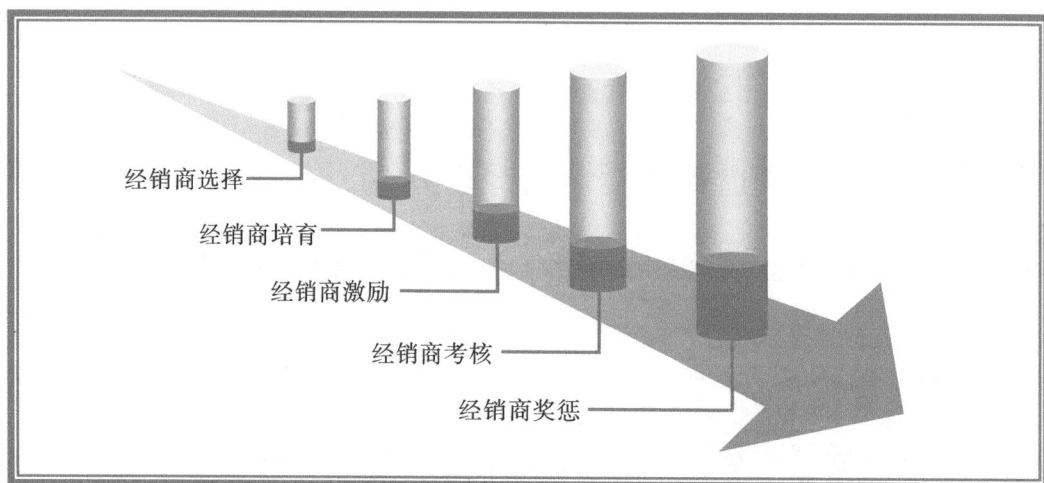

图 5-4　经销商管理类培训课程的划分维度

5.3.2 经销商管理类培训课程体系

根据经销商管理类培训课程的划分维度可以设计出表 5-2 所示的培训课程体系。

表5-2　经销商管理类培训课程体系

课程模块	课程模块细分	课程名称	培训对象
经销商选择	经销商政策制定	1. 经销商政策解读 2. 经销商政策制定的11个妙招	销售部经理、市场拓展主管、渠道主管、市场拓展专员、渠道专员
	调查与走访	1. 区域市场调查与分析方法 2. 制定经销商筛选标准的7个技巧 3. 拟合作经销商调查与走访技巧	
	评估与选择	1. 如何识别优质经销商 2. 经销商选择的几大关键点 3. 不同市场条件下的经销商选择方法	
	谈判	1. 双赢谈判三部曲 2. 吸引优质经销商合作的5个谈判策略	
经销商培育	业务培育	1. 如何帮助经销商选择优秀的销售人员 2. 如何帮助经销商留住业务骨干 3. 如何辅导经销商开发新客户和开拓辖区市场 4. 如何指导经销商提升客户沟通和营销技巧 5. 如何指导经销商组织营销推广活动 6. 如何教会经销商有效处理退货与产品质量问题	销售部经理、市场拓展主管、渠道主管、市场拓展专员、渠道专员、督导员
	关系培育	1. 有效化解经销商冲突的15个秘诀 2. 如何成为经销商的贴心伙伴 3. 提高经销商忠诚度的3大利器	
经销商激励	激励方式	1. 如何选择有效的经销商激励方式 2. 如何有效组合各种激励方式	销售部经理、市场拓展主管、渠道主管、市场拓展专员、渠道专员、督导员
	激励实施	1. 如何识别经销商的有效激励点 2. 进行经销商激励的8个方法	
经销商考核	考核方式与指标	1. 经销商考核内容与方式的选择技巧 2. 如何设计针对经销商的定量与定性考核指标	销售部经理、渠道主管、渠道专员、督导员
	考核实施	1. 经销商考核五部曲 2. 经销商考核报告编写技巧	
	等级评定与调整	1. 如何制定经销商等级评定标准 2. 如何评定经销商等级 3. 经销商等级调整沟通技巧	

（续表）

课程模块	课程模块细分	课程名称	培训对象
经销商奖惩	奖励	1. 经销商奖励标准设计原则与技巧 2. 奖励经销商的各种技巧	销售部经理、渠道主管、渠道专员、督导员
	惩罚	1. 经销商惩罚实施技巧 2. 经销商降级沟通技巧	

5.4 销售技巧类培训课程体系设计

5.4.1 销售技巧类培训课程的划分维度

销售技巧类培训课程可以按目标客户定位能力、产品专业知识、客户心理洞察能力、表达能力、沟通能力5个维度进行划分，具体如图5-5所示。

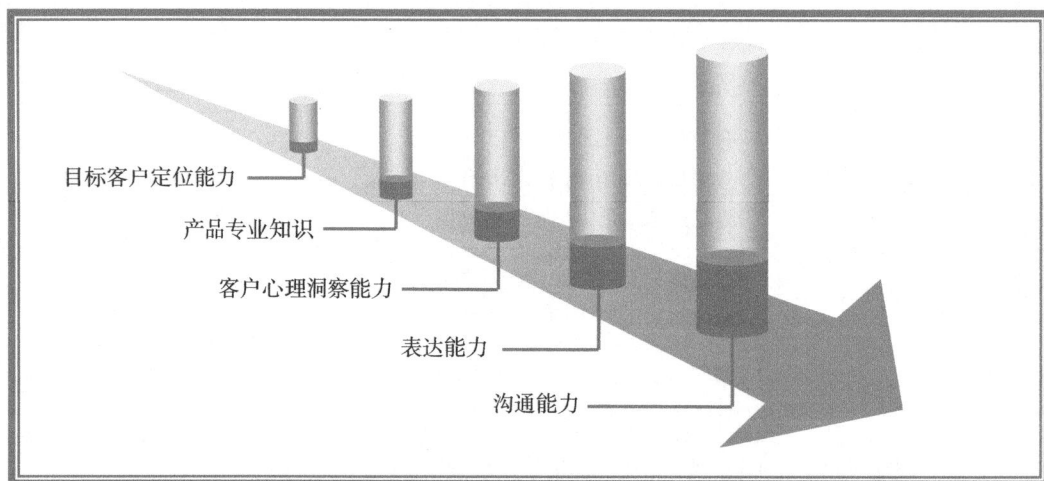

图5-5 销售技巧类培训课程的划分维度

5.4.2 销售技巧类培训课程体系

根据销售技巧类培训课程的划分维度，可以设计出表5-3所示的培训课程体系。

表5-3　销售技巧类培训课程体系

课程模块	课程模块细分	课程名称	培训对象
目标客户定位能力	寻找目标客户	◇ 客户信息获取的渠道 ◇ 如何快速、准确地找到目标客户	销售人员、销售主管
产品专业知识	企业产品知识	◇ 知己知彼，百战不殆——了解自己的产品	销售人员、销售主管
	竞争对手产品知识	◇ 知己知彼，百战不殆——了解竞争对手的产品	
客户心理洞察能力	打破僵局	◇ 如何说服客户	销售人员、销售主管
	迎面拒绝	◇ 探寻客户拒绝的真正理由	
沟通与表达能力	成交过程的沟通	◇ 通过有效沟通探寻客户的真实需求 ◇ 如何快速与客户拉近关系 ◇ 建立信任，促进成交	销售人员、销售主管
	服务过程的沟通	◇ 让产品价值倍增的服务体系	

5.5　网络销售类培训课程体系设计

5.5.1　网络销售类培训课程的划分维度

网络销售是指交易双方以交易网站为平台，在线上完成商品或服务的咨询、下单、付款、售后服务处理，线下完成产品或服务的交付的一种交易行为。

网络销售类培训课程可以按客户定位、网络推广、在线销售、售后服务4个维度进行划分，具体如图5-6所示。

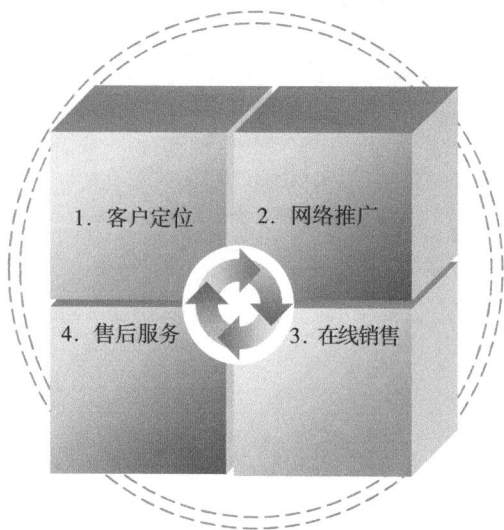

图 5-6　网络销售类培训课程的划分维度

5.5.2　网络销售类培训课程体系

根据网络销售类培训课程的划分维度，可以设计出表 5-4 所示的培训课程体系。

表 5-4　网络销售类培训课程体系

课程模块	课程模块细分	课程名称	培训对象
客户定位	产品分析	◇ 产品分析的 3 大维度	◇ 网络营销经理 ◇ 产品经理
	客户细分	◇ 客户细分模型	
网络推广	推广渠道选择	◇ 网络推广的 10 种渠道 ◇ 基于客户分布特征的网络推广渠道选择 ◇ 新媒体营销推广	◇ 网络营销专员 ◇ 网络推广专员 ◇ 新媒体运营专员 ◇ 新媒体内容编辑
	推广方式选择	◇ 网络推广的 7 个常用方法 ◇ 基于渠道和客户特征的网络推广方式选择	
	推广内容编辑	◇ 如何撰写有吸引力的网络软文	
在线销售	产品介绍	◇ 让客户立即下单的产品介绍策略 ◇ 让客户无后顾之忧的产品服务条款 ◇ 用个性化的沟通语言提升客户体验	◇ 网络销售专员
	产品报价	◇ 让客户"占便宜"的报价策略	
	客户跟踪	◇ 如何把握有效追单不逼单的技巧 ◇ 如何让客户记住你和你的产品	

（续表）

课程模块	课程模块细分	课程名称	培训对象
售后服务	退换货处理	◇ 退换货处理的"三要"与"三不要"	◇ 网络售后专员
	投诉处理	◇ 转危为安的投诉处理技巧 ◇ 线下顾客管理技巧 ◇ 线上客户评价管理技巧	

5.6 终端店面管理类培训课程体系设计

5.6.1 终端店面管理类培训课程的划分维度

终端店面是销售环节的最后一站，同时也是直接面对客户的窗口，它对销售额有直接的影响，因此，企业要做好终端店面管理的培训，提升终端店面业绩。

针对终端店面管理的培训课程可以从店面业务和个人技能两个维度进行划分，具体如表 5-5 所示。

表 5-5 终端店面管理类培训课程的划分维度

划分维度	维度细分	具体说明
店面业务	店面选址、规划与布置	◇ 店面选址技巧 ◇ 店面规划与布置技巧
	店面运营	◇ 运营计划 ◇ 店面商品（店面商品陈列、展示、盘点等） ◇ 店面销售（促销、POP 等） ◇ 店面客户（客户行为与需求分析、满意度管理以及客户投诉处理等） ◇ 店面安全与卫生
个人技能	店长	◇ 沟通 ◇ 时间管理 ◇ 下属指导 ◇ 团队建设与激励等

（续表）

划分维度	维度细分	具体说明
个人技能	店面督导员	◇ 沟通 ◇ 访店与指导 ◇ 店面数据分析
	店面导购专员	◇ 礼仪 ◇ 沟通 ◇ 心态以及销售技巧
	店面收银员	服务礼仪规范

5.6.2 终端店面管理类培训课程体系

根据终端店面管理类培训课程的划分维度，可以设计出表5-6所示的培训课程体系。

表5-6 终端店面管理类培训课程体系

课程模块	课程模块细分		课程名称
店面业务	店面选址、规划与布置		◇ 终端店面选址技巧 ◇ 终端店面规划与设计实务 ◇ 终端店面空间布置技巧
	店面运营	店面运营计划	◇ 如何有效制订终端店面运营计划
		店面商品	◇ 终端店面商品陈列与展示技巧
		店面销售	◇ 店面促销策划方法与工具 ◇ POP 设计与展示技巧
		店面顾客	◇ 店面客户行为与需求分析方法 ◇ 有效处理客户投诉的 10 大利器 ◇ 如何做到让客户 100% 满意
		店面安全与卫生	◇ 店面安全管理实操技法 ◇ 终端店面 5S 管理

（续表）

课程模块	课程模块细分		课程名称
个人技能	店长	沟通技能	◇ 沟通技能提升训练
		下属指导	◇ 教练指导能力提升训练
		团队管理与激励	◇ 有效团队管理技巧 ◇ 有效激励下属的 8 个方法
		自我管理	◇ 时间管理的 5 大法宝 ◇ 优秀店长的 10 项训练
	店面督导员	沟通	◇ 如何进行高效沟通
		访店与指导	◇ 访店技巧与指导方法
		数据分析能力	◇ 店面经营数据收集与分析
	店面导购专员	必备知识和技能	◇ 产品知识 ◇ 消费者心理与行为分析技巧
		礼仪	◇ 导购员礼仪手册
		心态	◇ 优秀导购员形成良好心态的 8 项训练
		沟通	◇ 帮助导购人员达成交易的 88 个沟通技巧 ◇ 导购人员体态语言 ◇ 如何寻找顾客的赞美点——导购人员不可不知的赞美秘诀
		销售技巧	◇ 导购人员成功销售 101 招 ◇ 导购人员产品演示技巧与方法
	店面收银员	必备知识与技能	◇ 收银员必备知识（如收银机操作知识、条形码常识、货币识别知识、信用卡知识） ◇ 收银操作技能提升训练 ◇ 收银作业技巧
		礼仪	◇ 收银员礼仪规范
		服务规范	◇ 收银员基本服务标准 ◇ 收银员服务提升方法

第6章

采购物流管理
培训课程体系设计

6.1 物料采购管理类培训课程体系设计

6.1.1 物料采购管理类培训课程的划分维度

物料采购管理类培训课程可以按物料采购业务流程、物料采购业务技能和采购业务人员的基本素质 3 个维度进行划分，具体如图 6-1 所示。

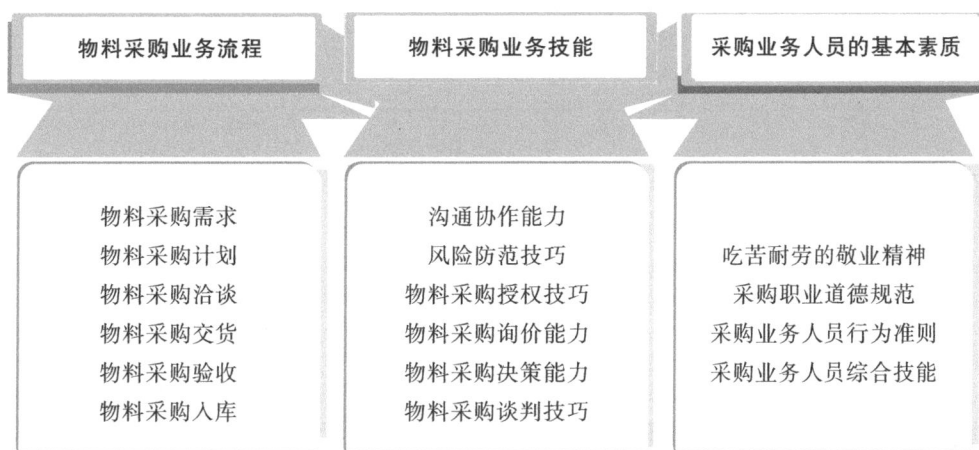

物料采购业务流程	物料采购业务技能	采购业务人员的基本素质
物料采购需求 物料采购计划 物料采购洽谈 物料采购交货 物料采购验收 物料采购入库	沟通协作能力 风险防范技巧 物料采购授权技巧 物料采购询价能力 物料采购决策能力 物料采购谈判技巧	吃苦耐劳的敬业精神 采购职业道德规范 采购业务人员行为准则 采购业务人员综合技能

图 6-1 物料采购管理类培训课程的划分维度

6.1.2 物料采购管理类培训课程体系

为了提高物料采购人员的综合素质，企业应建立完善的物料采购管理培训课程体系。表 6-1 是 ×× 企业设计的物料采购管理类培训课程体系，供读者参考。

表 6-1 ×× 企业物料采购管理类培训课程体系

类别 \ 培训对象	新进大学生、采购专员	采购专员、采购主管	采购主管、采购部经理
专业技能培训	◇ 物料采购入门培训 ◇ 采购技巧 ◇ 采购谈判技巧 ◇ 采购专员必备的法律知识与合同管理知识	◇ 物料采购流程与标准 ◇ 如何降低采购成本 ◇ 如何控制采购交期 ◇ 采购与供应链管理 ◇ 采购问题分析与解决 ◇ 采购合同管理技能提升	◇ 企业采购流程与战略 ◇ 采购战略与谈判技巧 ◇ 物料采购流程的优化 ◇ 如何进行风险防范 ◇ 全面削减采购成本 ◇ 采购绩效考核管理

（续表）

培训对象 类别	新进大学生、采购专员	采购专员、采购主管	采购主管、采购部经理
工具方法培训	◇ 入职培训 ◇ 公文管理培训 ◇ 办公自动化培训 ◇ 企业信息检索培训	◇ 电子商务采购方法 ◇ 国际采购方法与工具 ◇ 物料采购技术与方法 ◇ 物料采购谈判策略	◇ 常见采购技术的应用 ◇ 战略采购的几种方法 ◇ 博弈论在采购中的应用 ◇ 全球采购方法与工具
证书类培训	注册职业采购助理 （CAP 认证）	注册职业采购专员 （CPP 认证）	注册职业采购经理 （CPPM 认证）
	CIPS 培训证书		
能力素质培训	时间管理、人际沟通技巧、目标管理、压力管理、如何提升执行力、演讲技巧、商务礼仪、六顶思考帽、采购职业道德规范与行为准则		

6.2 库存管理类培训课程体系设计

6.2.1 库存管理类培训课程的划分维度

库存是指企业仓库中实际储备的原材料、半成品、成品等不同形态的物料。库存管理的目的是支持企业的生产运作。

库存管理类培训课程的划分维度如图 6-2 及表 6-2 所示。

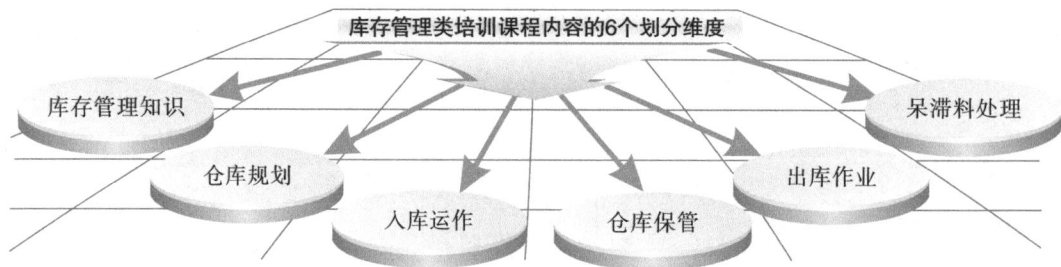

图 6-2 库存管理类培训课程的划分维度

表6-2 库存管理类培训课程的划分维度

序号	维度名称	具体说明
1	库存管理知识	库存管理知识是指库存管理的基本问题、基本策略以及基本操作方法等相关知识
2	仓库规划	仓库规划是指仓库的整体规划，如仓库选址、仓库占用面积以及仓库内货架位置的摆放等相关内容
3	入库运作	入库运作是指原材料、半成品、成品等物料的入库流程、入库方式、搬运、摆放以及各种注意事项等
4	仓库保管	仓库保管包括物料的保管、整理、检查、盘点以及仓库环境卫生、安全管理等相关内容
5	出库运作	出库运作是指原材料、半成品、成品等物料的出库登记、出库质量检验、出库数量的清点、相关单据的审核以及办理人员签字等相关内容
6	呆滞料处理	呆滞料处理是指仓库内的呆滞料如何进行处理的相关内容

6.2.2 库存管理类培训课程体系

根据库存管理类培训课程的划分维度，可以设计出表6-3所示的培训课程体系。

表6-3 库存管理培训课程体系

课程模块		课程名称	
库存管理知识		库存管理知识入门	安全存量、最低存量、有效存量的应用
		如何实现零库存	如何使用JIT库存管理方式
		库存ABC分析法	最佳订货点的计算与应用
仓库规划		如何进行仓库平面布置	如何计算仓库面积
		如何确定仓库参数	如何进行仓库物料摆放
入库运作	通用	如何做好物料入库准备	如何进行物料入库检验
		如何快速办理入库手续	如何处理验收过程中出现的问题
	特殊	如何做好半成品的入库控制	如何做好成品的入库控制
仓库保管	储存	如何理货	如何进行物料、货位编码
		如何防范物料丢失	如何降低物料储存的磨损度
	盘点	如何进行有效盘点	如何预防盘点过程中的漏盘、重盘、错盘
	其他	如何做好仓库的环境卫生	加强仓库安全管理的10大诀窍

（续表）

课程模块		课程名称	
出库作业	通用	如何做好出库物料质量检验	如何避免多出货、少出货、出错货现象
	特殊	如何进行半成品出库控制	如何进行成品出库控制
		半成品的退货补料控制	如何处理成品出库中的问题
呆滞料处理		呆滞料预防技巧	呆滞料处理与排除
		呆滞料分析与评价技巧	呆滞料的处理与报警

6.3　供应商管理类培训课程体系设计

6.3.1　供应商管理类培训课程的划分维度

供应商管理类培训课程是按照企业对供应商管理的事项进行划分的，主要的划分维度有4个，分别是供应商供货前的准备工作、供应商供货规范与要求、供应商质量、供应商工作评估，具体如图6-3及表6-4所示。

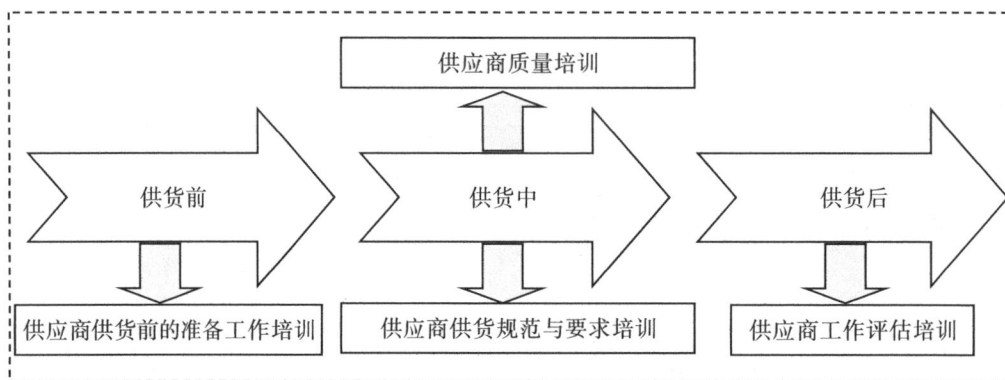

图6-3　供应商管理类培训课程的划分维度

表6-4　供应商管理类培训课程的划分维度

序号	划分维度	具体说明
1	供应商供货前的准备工作	供应商物流信息反馈、供应商软硬件设施要求、供应商相关权限申请、供应商物流运输方式确认、供应商物流仓库选择

（续表）

序号	划分维度	具体说明
2	供应商供货规范与要求	准备货物与发送货物的流程、货物包装的要求、送货规定、供货出现问题后的索赔等规定
3	供应商质量	供应商质量保证、供应商质量问题索赔规定、供应商质量激励措施
4	供应商工作评估	供应商的评估标准、评估方式、评估内容、评估程序、奖惩措施，供应商认证管理等

6.3.2 供应商管理类培训课程体系设计方法

1. 设计流程

供应商管理类培训课程体系的设计流程如图6-4所示。

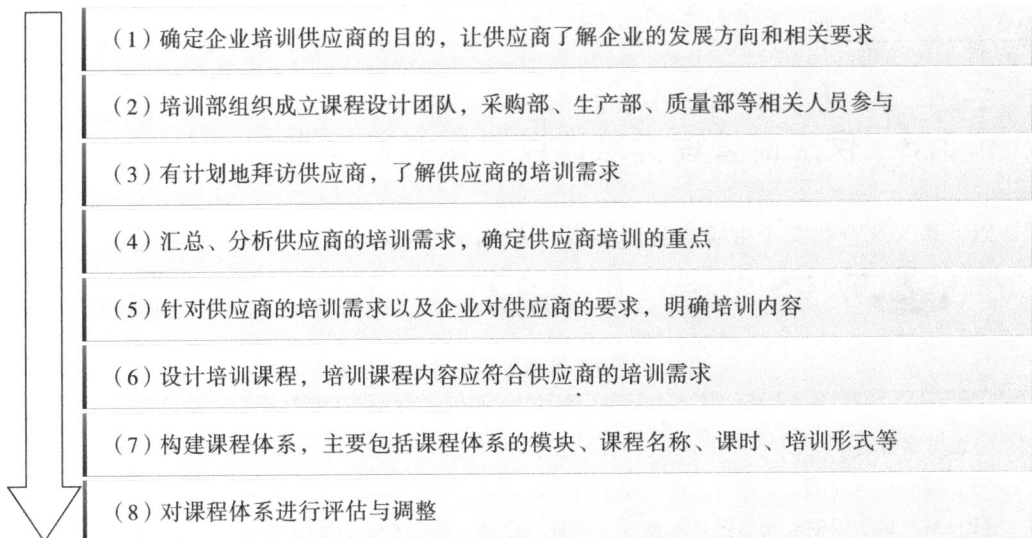

（1）确定企业培训供应商的目的，让供应商了解企业的发展方向和相关要求

（2）培训部组织成立课程设计团队，采购部、生产部、质量部等相关人员参与

（3）有计划地拜访供应商，了解供应商的培训需求

（4）汇总、分析供应商的培训需求，确定供应商培训的重点

（5）针对供应商的培训需求以及企业对供应商的要求，明确培训内容

（6）设计培训课程，培训课程内容应符合供应商的培训需求

（7）构建课程体系，主要包括课程体系的模块、课程名称、课时、培训形式等

（8）对课程体系进行评估与调整

图6-4 供应商管理类培训课程体系设计流程

2. 课程体系范例

表6-5是××企业的供应商管理类培训课程体系，供读者参考。

表6-5　××企业供应商管理类培训课程体系

课程编号	课程名称	课程介绍	授课方式
ST001	供应商操作流程培训	介绍如何查看公司的采购订单信息，并根据订单信息开具发票、完成订单和发票寄送等内容	播放视频
ST002	解析交货条款	介绍每种物料的收货地点、存货地点和生产线上的料架设计，以及要求直接送到生产线上的物料品种等内容	面授
ST003	发运和交货指导培训	介绍供应商代码、物料编号等内容，现场示范供应商发货操作流程，并讲解注意事项	面授+现场操作
ST004	供货规范与要求培训	介绍供应商供货过程中应注意的事项，以及供货出现问题后的相关索赔	面授
ST005	供应商交货绩效评估教程	介绍供应商交货联络系统和供应商交货绩效的目标、计算依据、评估方式等内容	面授
ST006	精解供应商质量保证协议	介绍供应商质量保证协议中的重要条款，以及发生质量问题后的赔偿问题等	面授
ST007	解读供应商的奖励措施	详细介绍优秀供应商的奖励措施	面授
ST008	供应商常见问题解答	对供应商提出的问题进行解答	小组讨论
备注	ST 是 Supplier Train 的简称，指供应商培训		

6.3.3　供应商管理类培训课程体系设计方案

以下是××企业关于供应商管理类培训课程体系的设计方案，供读者参考。

供应商管理类培训课程体系设计方案

一、方案目的
（1）提高供应商的交货能力，保持稳定的供需关系，保证公司产品的质量。
（2）解决供货周期较长、供货不及时、质量不稳定、供应不配套等问题。
二、明确培训对象
公司核心供应商，即与公司建立战略联盟的供应商。
三、明确公司对供应商的要求
与本公司合作的供应商必须满足以下6个基本要求。
（1）有清晰、完整的组织结构，有独立的物流管理部门。

（续）

（2）具备完善的物料管理体系，以确保本公司能在正确的地点及时收到数量准确的合格物料。

（3）具备良好的信息反馈系统，定期给本公司提供最新的组织结构和联系方式等。

（4）具备电子商务平台运营能力和电子发货能力。

（5）具有良好的库存管理能力。

（6）有应急方案，紧急情况下能按时交货。

四、确定培训内容

供应商管理类培训课程的培训内容主要包括法规知识、业务操作、供应商考核 3 个部分，具体如下表所示。

供应商管理类培训课程的内容

培训项目	培训内容
法规知识	合同签订和履行等法律法规知识、供应商投标活动中的相关法律法规知识
业务操作	采购订单的接收流程、开具发票的要求、货物包装与标识等规定、货物发送的操作规范、货物装卸的操作规范
供应商考核	明确供应商的考核标准、考核方式、考核办法以及考核奖惩等内容

五、构建培训课程体系

基于上述培训内容，可以构建出如下表所示的培训课程体系。

供应商管理类培训课程体系

课程模块	课程名称	课时	授课形式
法规知识	解析合同中常见的违规事项	2 个小时	面授 + 小组讨论
	如何避免出现无效的投标	3 个小时	面授 + 案例分析
业务操作	采购订单的接收流程	0.5 个小时	电脑演示
	货物包装与标识的规范	2 个小时	面授 + 操作
	货物发送的操作规范	3 个小时	现场操作
	交货的 8 大注意事项	2 个小时	面授
供应商考核	供应商考核指标的设计	2 个小时	面授
	供应商考核实施程序	2 个小时	面授
	解析供应商的奖惩制度	1.5 个小时	面授

六、不断完善培训课程体系

公司应根据自身发展需要、供应商供货品种的变更等情况，不断调整供应商管理类培训课程体系，使其能更好地发挥作用。

6.4 快递业务类培训课程体系设计

6.4.1 快递业务类培训课程的划分维度

电商行业的不断发展带动了快递行业的发展。为了在激烈的竞争中获得优势，快递企业越来越重视从业人员综合能力的提高。

快递业务类培训课程可以按职业素养、安全意识、服务意识、市场意识4个维度进行划分，具体如图6-5所示。

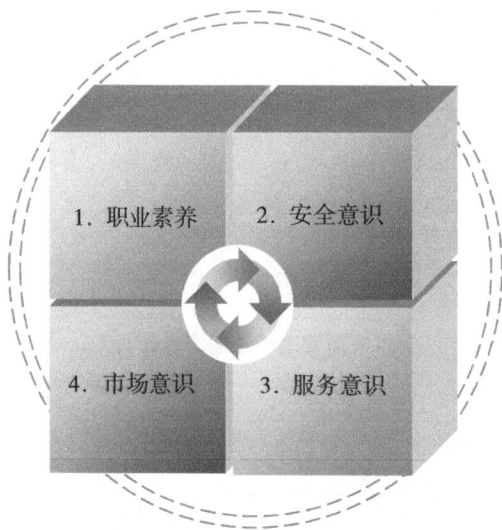

图6-5 快递业务类培训课程的划分维度

6.4.2 快递业务类培训课程体系

根据上述划分维度，可以设计出表6-6所示的培训课程体系。

表6-6　快递业务类培训课程体系

课程模块	课程模块细分	课程名称	培训对象
职业素养	职业礼仪	◇ 取件、送件过程中应注意的细节	快递员、快递网点文员
	职业道德	◇ 快递行业从业人员必须遵守的职业道德 ◇ 客户隐私管理	快递员、快递网点文员、网点负责人
	标准话术、用语	◇ 快递员服务标准话术及标准用语 ◇ 客服人员服务标准话术及标准用语	快递员、快递网点文员、客服人员
安全意识	交通安全	◇ 快递员必须掌握的交通安全知识	快递员、网点负责人
	货品安全	◇ 快递员必须掌握的货品安全知识 ◇ 不同物品的包装知识及包装技巧	
服务意识	客户服务	◇ 打造一流的客户服务水平	客服、网点负责人
	客户投诉	◇ 如何有效处理客户投诉 ◇ 如何处理客户理赔	
市场意识	大数据	◇ 快递企业大数据的管理及应用	高层管理者
	网点	◇ 如何做好快递网点的管理工作 ◇ 快递网点的财务管理与成本控制 ◇ 如何做好快递网点人员的管理工作	网点负责人
	客户开发	◇ 如何开发大客户 ◇ 大客户的维护与管理	销售人员

第7章

技术研发管理
培训课程体系设计

7.1 技术研发团队管理培训课程体系设计

7.1.1 技术研发团队管理培训课程的划分维度

互联网时代，新技术研发能力日益成为企业成功经营的关键能力。卓有成效的技术研发工作必须依靠一支高水平的技术研发团队来完成。因此，企业有必要针对技术研发团队开展培训，以提高技术研发团队的水平。

技术研发团队管理培训课程可以按照团队管理事项划分为 9 个维度，具体如图 7-1 及表 7-1 所示。

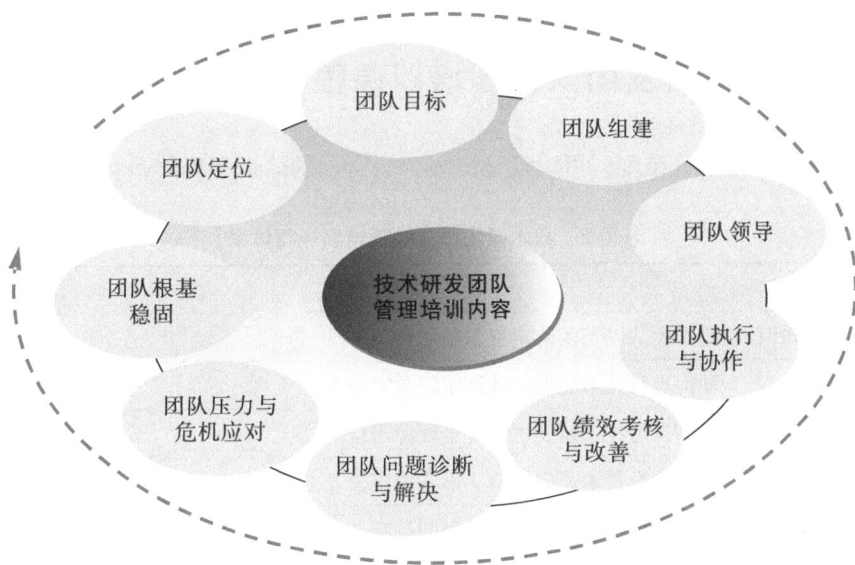

图 7-1 技术研发团队管理培训课程的划分维度

表 7-1 技术研发团队管理培训课程的划分维度

序号	维度名称	具体说明
1	团队定位	团队资源定位、团队功能定位等
2	团队目标	团队目标的确立方法、团队目标的管理等
3	团队组建	团队成员选择、团队成员角色定位、团队组建方法、团队文化建设以及团队管理制度制定等

（续表）

序号	维度名称	具体说明
4	团队领导	团队决策、授权、成员潜能开发、时间管理、冲突管理、沟通及激励等
5	团队执行与协作	提升团队执行力的方法与工具、促成团队协作的方法与工具等
6	团队绩效考核与改善	绩效考核时机与依据的选择、团队绩效考核方法与工具、团队绩效考核内容与指标、绩效面谈、团队绩效改善方式与改善工具等
7	团队问题诊断与解决	团队问题诊断方法与工具、团队问题类型、团队问题应对方法等
8	团队压力与危机应对	团队压力的类型、压力应对、团队危机识别、团队危机分析以及团队危机解决等
9	团队根基稳固	团队成员的态度、责任、敬业精神以及忠诚度等

7.1.2 技术研发团队管理培训课程体系

根据上述课程的划分维度，可以设计出表7-2所示的培训课程体系。

表7-2 技术研发团队管理培训课程体系

课程模块		课程名称	授课时间
团队定位	基础知识	研发团队以及团队定位基础知识	2个小时
	资源定位	如何进行技术研发团队物质资源定位	3个小时
		如何进行技术研发团队资金资源定位	3个小时
		如何进行技术研发团队无形资源定位	3个小时
	类型定位	正确定位技术研发团队类型的技巧	3个小时
团队目标		如何设定团队目标	2个小时
		技术研发团队目标管理策略与技巧	3个小时
团队组建	团队成员角色定位	团队角色基本理论	2个小时
		团队角色分析与定位管理技能提升训练	2个小时
		角色定位的策略与技巧	2个小时
	团队成员选择	制定技术研发团队用人标准的21个技巧	2个小时
		选择技术研发团队成员的标准	2个小时
		选择技术研发团队成员的技巧与方法	3个小时

（续表）

课程模块		课程名称	授课时间
团队组建	组建方法	组建技术研发团队的 11 种方法与工具	3 个小时
	团队文化	技术研发团队文化特点解析	2 个小时
		如何构筑团队文化	3 个小时
		如何理解团队文化	2 个小时
		如何传播团队文化	2 个小时
	制度规范	技术研发团队管理制度编写规范	3 个小时
		技术研发团队管理制度编写实训	2 个小时
团队领导	团队决策	技术研发团队领导者成功决策的 9 个技巧	2 个小时
	授权	技术研发团队领导者如何建立高效的授权体系	3 个小时
		技术研发团队领导者高效授权的 15 大策略	2 个小时
	成员潜能开发	如何识别技术研发团队成员的潜能	2 个小时
		提升技术研发团队成员潜能的 7 大策略	3 个小时
	团队沟通	如何召开高效的团队会议	3 个小时
		如何了解技术研发团队成员的真实想法	2 个小时
		如何在沟通中及时做好确认与反馈	2 个小时
		团队沟通的情景模拟与演练培训	4 个小时
	时间管理	时间管理方法与工具	3 个小时
	冲突管理	如何正确认识团队冲突	3 个小时
		解决团队冲突的 5 种方式	2 个小时
	成员激励	各种物质激励技巧	4 个小时
		8 种高效的精神激励法	2 个小时

课程模块		课程名称	授课时间
团队执行与协作	执行	解码高效执行力	3 个小时
		如何提升团队执行力	2 个小时
	协作	促进团队协作的策略与技巧	3 个小时
		团队协作案例分享	2 个小时
团队绩效考核与改善	基础知识与角色认知	绩效管理基础知识入门	2 个小时
		技术研发团队领导者在绩效管理中的角色	2 个小时
	绩效考核	技术研发团队考核时机与依据的选择技巧	2 个小时
		技术研发团队常用的考核方法与工具	2 个小时
		如何确定技术研发团队的绩效考核内容	2 个小时
		技术研发团队绩效考核指标设计	2 个小时
	绩效面谈	绩效面谈技巧	3 个小时
	绩效改善	绩效改善常用的方法与工具	3 个小时
团队问题诊断与解决	问题诊断	技术研发团队问题诊断的 9 大技术与模型	3 个小时
		技术研发团队问题诊断技能提升训练	3 个小时
	问题解决	技术研发团队常见问题分析与对策	3 个小时
		解决技术研发团队成员信任问题的 8 把金钥匙	3 个小时
		解决研发费用缺口问题的 5 大途径	2 个小时
团队压力与危机应对	团队压力	压力的类型	3 个小时
		缓解压力的几个方法	3 个小时
	团队危机	有效预防团队危机的 10 个妙招	2 个小时
		化解团队危机的 12 种方法	2 个小时

（续表）

课程模块		课程名称	授课时间
团队根基稳固	态度	如何引导团队成员端正工作态度	2个小时
	责任	如何做到对上级负责	2个小时
		如何做到对同事负责	2个小时
		如何做到对团队成员负责	2个小时
	敬业	如何鼓励团队成员不掉队	2个小时
		如何鼓励团队成员自动自发地工作	2个小时
	忠诚	如何引导团队成员忠于企业	2个小时
		如何引导团队成员忠于团队	2个小时

7.2 技术人员转管理岗培训课程体系设计

7.2.1 技术人员转管理岗需要接受的培训内容

随着企业发展的需要，一部分技术人员将走向管理岗位。由于这部分人员长期从事技术工作，他们走向管理岗位后会遇到各种各样的问题和困难，为了帮助他们提升管理技能，企业需要开展一系列的培训。

技术人员转管理岗需要接受的培训内容涉及角色转变、管理知识和管理技能3个维度，具体如图7-2所示。

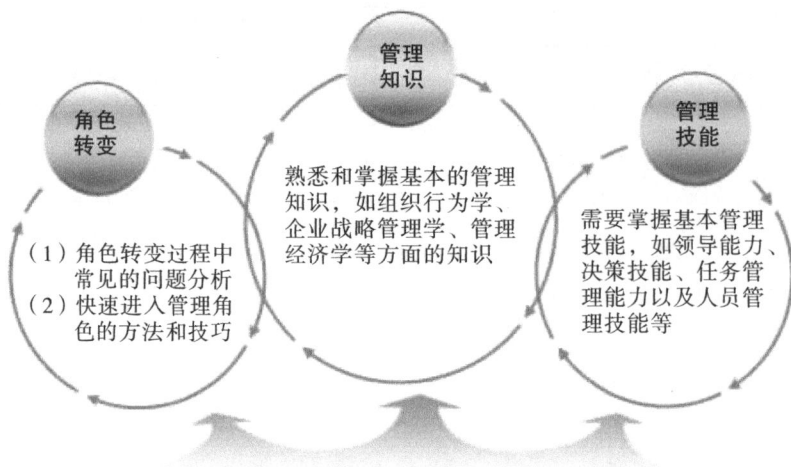

图7-2 技术人员转管理岗需要接受的培训内容

7.2.2 技术人员转管理岗培训课程体系

根据上述培训内容，可以设计出表7-3所示的课程体系。

表7-3 技术人员转管理岗培训课程体系

课程模块	课程编号	课程名称	授课时间
角色转变	JS-ZB-001	管理人员的角色认知与定位	3个小时
	JS-ZB-002	如何扮演好领导角色	3个小时
	JS-ZB-003	如何扮演好决策角色	3个小时
	JS-ZB-004	如何克服角色转换过程中的障碍	2个小时
管理知识	GL-ZS-001	管理学导论	4个小时
	GL-ZS-002	管理经济学知识	4个小时
	GL-ZS-003	企业管理基础知识概论	4个小时
	GL-ZS-004	组织行为学基础知识	4个小时
	GL-ZS-005	企业经营战略快速入门	4个小时
	GL-ZS-006	财务管理基础教程	4个小时
	GL-ZS-007	市场营销知识导论	4个小时
	GL-ZS-008	人力资源管理基础知识	4个小时

课程模块		课程编号	课程名称	授课时间
管理技能	目标与计划	GL-JN-001	制订研发工作计划的步骤	3个小时
		GL-JN-002	制订研发工作计划常用的几个工具	3个小时
		GL-JN-003	有效管控研发计划的诀窍	2个小时
	决策	GL-JN-004	管理中常用的决策方法与工具	4个小时
		GL-JN-005	决策技巧	4个小时
	组织与分派工作	GL-JN-006	分解研发工作计划的6个步骤	4个小时
		GL-JN-007	如何给下属分派工作	4个小时
		GL-JN-008	如何给辅助部门分配工作	4个小时
	控制与纠偏	GL-JN-009	研发工作风险与管理技巧	4个小时
		GL-JN-010	研发工作的8大控制工具	4个小时
		GL-JN-011	研发成本控制方法与技术	4个小时
		GL-JN-012	研发工作控制的6大误区与预防措施	3个小时
	领导与激励	GL-JN-013	从技术岗位走向管理岗位的人员不可不知的领导艺术	3个小时
		GL-JN-014	如何增进研发团队的凝聚力和士气	2个小时
		GL-JN-015	培养下属的技巧	4个小时
		GL-JN-016	如何有效培训新人	4个小时
		GL-JN-017	研发人员考核指标设计的8大方法	4个小时
		GL-JN-018	绩差人员以及绩优人员的绩效评价面谈方法	3个小时
		GL-JN-019	如何有效激励下属	3个小时
		GL-JN-020	针对不同类型下属的激励方法与技巧	2个小时
		GL-JN-021	研发人员的非物质激励与物质激励手段	4个小时
		GL-JN-022	如何留住关键研发人员	3个小时
	沟通	GL-JN-023	有效沟通的诀窍	4个小时
		GL-JN-024	如何召开高效的部门会议	4个小时
		GL-JN-025	如何通过沟通赢得领导的认可与支持	4个小时
		GL-JN-026	如何通过沟通赢得同事的理解与支持	4个小时
		GL-JN-027	如何通过沟通赢得下属的信任与支持	4个小时
	时间管理	GL-JN-028	正确认识时间	2个小时
		GL-JN-029	时间管理的工具与方法	3个小时

第8章

客户服务管理培训课程体系设计

8.1 客服通用知识类培训课程体系设计

8.1.1 客服类岗位通用知识导图

客服人员要掌握的基本知识包括客户服务基本知识、客户关系知识、客户管理知识和售后服务管理知识4类，具体如图8-1所示。

此外，客服人员还应了解一定的市场知识和销售知识，以便更好地为客户服务。

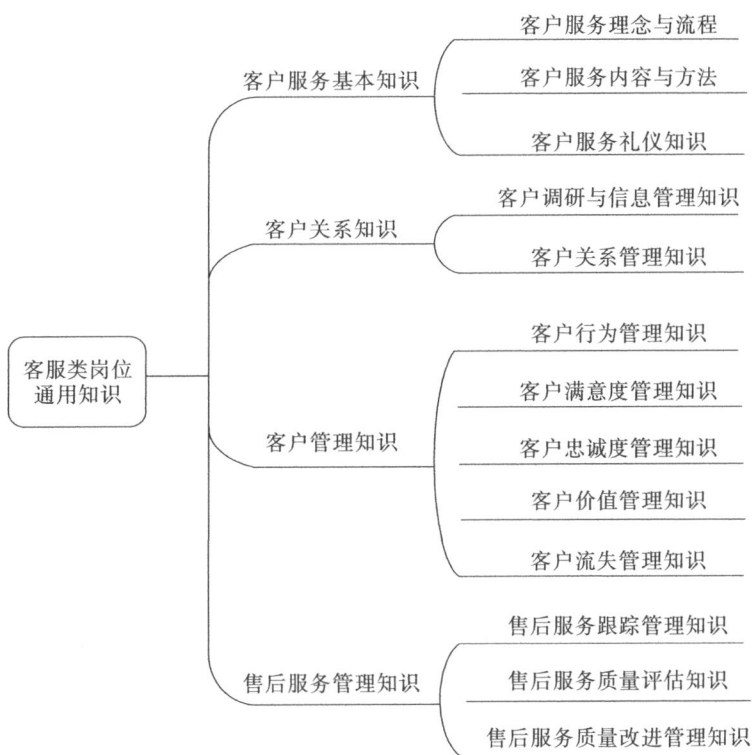

图8-1 客服类岗位通用知识导图

8.1.2 客服通用知识类培训课程体系

根据客服类岗位通用知识导图，可以设计出表8-1所示的培训课程体系。

表 8-1   客服通用知识类培训课程体系

课程模块		课程名称
客户服务 基本知识	服务理念与流程	◇ 企业客户服务理念 ◇ 客户服务基本流程
	服务内容与方法	◇ 客户服务基本工作内容 ◇ 做好客户服务工作的基本方法
	客户服务礼仪知识	◇ 客户服务基本礼仪知识 ◇ 客户服务用语规范 ◇ 客户服务人员着装规范
客户关系 知识	客户调研与信息管理	◇ 客户调研基本知识与应用 ◇ 客户信息管理方法 ◇ 客户信息分析模型与工具
	客户关系管理知识	◇ 客户关系管理基本知识 ◇ 客户关系管理在客户服务中的应用方法 ◇ 互联网时代的客户关系管理 ◇ 客户关系的维护与提升 ◇ 大客户关系管理理论与应用
客户管理 知识	客户行为管理知识	◇ 客户行为管理基础知识 ◇ 客户行为管理理论的应用
	客户满意度和忠诚度 管理知识	◇ 客户满意度和忠诚度调查
	客户价值管理知识	◇ 客户价值管理基础知识 ◇ 客户价值分析与度量 ◇ 客户价值提升的方法
	客户流失管理知识	◇ 客户流失管理 ◇ 客户流失分析方法与工具
售后服务 管理知识	售后服务跟踪管理知识	◇ 售后服务工作规范 ◇ 售后跟踪服务操作流程与规范 ◇ 售后回访管理知识入门
	售后服务质量评估知识	◇ 售后服务质量标准设计 ◇ 售后服务质量调查方法与工具 ◇ 售后服务质量评估
	售后服务改进管理知识	◇ 售后服务流程优化 ◇ 售后服务人员服务细节培训

8.2　服务质量提升类培训课程体系设计

8.2.1　服务质量提升列表

随着经济的发展，产品同质化程度越来越高，市场竞争已从产品竞争、价格竞争转向服务竞争，并且日趋激烈，在这种形势下，企业必须提高自身的服务质量。

通常情况下，为了提升服务质量，企业可以从表8-2所示的6个环节着手。

表8-2　可提升服务质量的6个环节

序号	可提升的环节	具体说明
1	服务礼仪	客户服务人员的仪容、仪表以及仪态等
2	服务态度	树立正确的服务价值取向，提高客户服务人员的服务意识
3	服务沟通	语言沟通中的倾听技巧、交谈技巧、反馈技巧以及书面沟通中的表达技巧等
4	投诉处理	投诉原因分析技巧、投诉处理的方法和技巧等
5	服务跟踪	客户服务跟踪技巧，如投诉跟踪处理技巧、客户回访技巧等
6	客户信息	客户信息整理、分析与挖掘技巧

8.2.2　服务质量提升类培训课程体系

根据提升服务质量的6个环节，我们可以设计出表8-3所示的培训课程体系。

表8-3　服务质量提升培训课程体系

课程模块		课程名称	
服务礼仪	通用	客户服务人员服务礼仪规范	客户服务人员商务礼仪规范
		客户服务人员沟通礼仪规范	电话服务礼仪
		客户服务人员职业形象规范	客户服务人员着装规范
		客户服务人员接待礼仪规范	名片使用礼仪
	特殊	男性客户服务人员礼仪规范	男性客户服务人员着装守则
		女性客户服务人员礼仪规范	女性客户服务人员着装守则
	职级	客户服务管理人员素质提升训练	基层客户服务人员素质提升训练

（续表）

课程模块		课程名称	
服务态度		树立正确服务观念的 10 项修炼	提高客户服务人员服务意识的技巧
服务沟通	语言沟通	客户服务人员如何听懂客户的心声	客户服务人员高效倾听的技巧
		客户服务人员如何有效说服客户	客户服务人员有效提问的技巧
		客户服务人员的赞美技巧	客户服务人员电话沟通的技巧
		客户服务人员沟通反馈的技巧	—
	书面沟通	客户服务人员公文写作技能提升训练	电子邮件的使用方法与技巧
		客户服务人员如何正确使用微信等社交平台	书面沟通技能提升训练
投诉处理		不同投诉方式的处理技巧	重大投诉处理技巧
服务跟踪		投诉处理跟踪方法与工具	客户服务人员回访客户的技巧
客户信息		客户信息分析方法与工具	客户数据信息分析软件应用技能提升训练
		如何制作详细的客户信息资料表	互联网时代客户信息管理技能提升训练

8.3   呼叫中心培训课程体系设计

8.3.1   呼叫中心培训课程的划分维度

呼叫中心是企业与客户联系的桥梁，它可以为客户提供高质量、高效率、全方位的服务。

呼叫中心的核心功能是服务，对相关业务人员的培训可以按照态度、礼仪、知识、业务技能以及自我管理技能 5 个维度开展，具体如图 8-2 及表 8-4 所示。

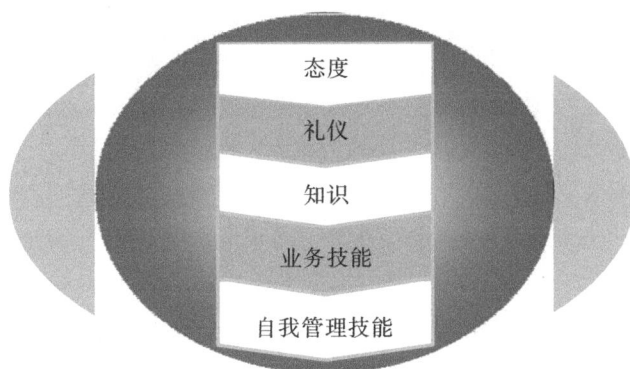

图 8-2   呼叫中心培训课程的划分维度

表 8-4   呼叫中心培训课程的划分维度

序号	维度名称	具体说明
1	态度	呼叫中心服务理念、服务意识等
2	礼仪	用语礼仪、电话沟通礼仪等
3	知识	呼叫中心发展概况、系统操作知识、行业与企业产品知识等
4	业务技能	发声与语言表达、呼入与呼出服务受理、呼叫业务量预测与人员排班、现场调控、服务质量监控以及报表管理等技能
5	自我管理技能	时间管理、压力与情绪管理、自我激励管理以及个人职业规划管理等技能

8.3.2   呼叫中心培训课程体系

根据上述课程的划分维度，我们可以设计出表 8-5 所示的培训课程体系。

表 8-5   呼叫中心培训课程体系

课程模块	课程名称	培训对象
态度	企业呼叫中心服务理念	呼叫中心全体人员
	坐席服务理念	呼叫中心坐席人员
	提高呼叫中心业务人员服务意识的 8 个方法	呼叫中心全体人员
	卓越服务 10 项修炼	呼叫中心全体人员

（续表）

课程模块		课程名称	培训对象
礼仪		如何做到用语规范	呼叫中心全体人员
		坐席人员电话沟通礼仪	呼叫中心坐席人员
知识	呼叫中心发展概况	呼叫中心概况及发展简史	呼叫中心全体人员
	系统操作知识	电话机基本操作知识	呼叫中心坐席人员
		企业内部网站与信息库基础知识	呼叫中心坐席人员
	行业与产品知识	行业发展概况	呼叫中心全体人员
		企业产品知识培训	呼叫中心全体人员
业务技能	语音控制与语言表达	如何正确发声	呼叫中心坐席人员
		声音气息控制与停顿技巧	呼叫中心坐席人员
		提高声音亲切度的8大技巧	呼叫中心坐席人员
		口头表达能力提升训练	呼叫中心坐席人员
	呼入与呼出服务受理	呼入与呼出服务受理技巧	呼叫中心坐席人员
		客户心理分析	呼叫中心坐席人员
		高效提问与应答技巧	呼叫中心坐席人员
		快速说服客户的11个方法	呼叫中心坐席人员
		如何预防和化解客户的异议	呼叫中心坐席人员
		使投诉客户满意的方法	呼叫中心坐席人员
		拒绝客户的技巧	呼叫中心坐席人员
	呼叫业务量预测与人员排班	呼叫业务量预测基础理论与方法	呼叫业务管理人员
		如何准确预测呼叫业务量	呼叫业务管理人员
		业务量预测与人员排班技巧	呼叫业务管理人员
	现场调控	呼叫现场调控管理技巧	呼叫业务管理人员
	服务质量监控	呼叫中心服务质量监控方法与工具	呼叫业务管理人员
		电话监听管理技巧	呼叫业务管理人员
	报表管理	呼叫报表设计与管理	呼叫业务管理人员和坐席人员
		呼叫报表分析方法与技巧	呼叫业务管理人员和坐席人员

(续表)

课程模块		课程名称	培训对象
自我管理技能	时间管理	时间管理的 4 个工具	呼叫中心全体人员
	压力与情绪管理	压力和情绪管理的 6 大法则	呼叫中心全体人员
		有效排解压力的 8 种途径	呼叫中心全体人员
		摆脱不良情绪的 9 个方法	呼叫中心全体人员
		坐席人员如何应对客户带来的压力	呼叫中心坐席人员
	自我激励管理	个人心态与自我激励	呼叫中心全体人员
		实现自我超越的 12 个方法	呼叫中心全体人员
	职业规划	如何做好个人职业规划	呼叫中心全体人员

8.4 安装配送培训课程体系设计

8.4.1 安装配送培训课程的划分维度

高质量的安装配送服务是企业制胜的法宝之一。因此，企业要对产品安装配送服务人员进行培训，以提高他们的服务水平和服务质量，最终提高客户的满意度。

企业在对安装配送人员进行培训时，可以按照礼仪、行为、技能 3 个维度进行课程划分，具体如图 8-3 及表 8-6 所示。

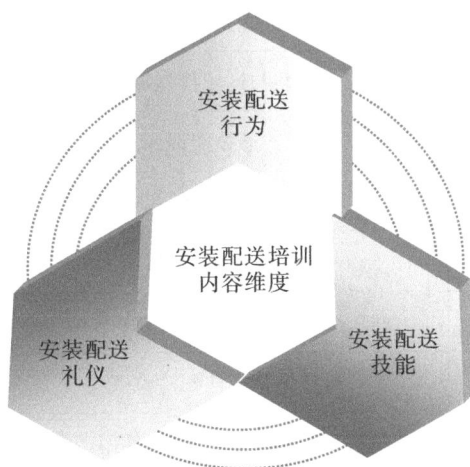

图 8-3 安装配送培训课程的划分维度

表8-6　安装配送培训课程的划分维度

序号	维度名称	具体说明
1	礼仪	安装配送人员的基本礼仪规范、标准服务语言以及特殊服务礼仪等
2	行为	安装配送人员的行为要求、着装要求等
3	技能	配送包装和运输技能、沟通技能、使用安装工具的技能、安装技能、安装调试技能以及指导客户正确使用产品的技能等

8.4.2　安装配送培训课程体系

根据上述课程的划分维度，我们可以设计出表8-7所示的培训课程体系。

表8-7　安装配送培训课程体系

课程模块	课程编号	课程名称	授课方式
礼仪	AZ-LY-001	安装配送人员礼仪规范	面授
	AZ-LY-002	安装配送人员规范话术模板	面授
	AZ-LY-003	安装配送人员特殊礼仪	面授
行为	AZ-XW-001	安装配送人员行为规范	面授
	AZ-XW-002	安装配送人员着装规范	面授
技能	AZ-JN-001	配送包装与运输技能提升训练	现场演示
	AZ-JN-002	沟通技能训练	面授
	AZ-JN-003	安装工具安全使用守则	现场演示
	AZ-JN-004	安全安装注意事项	现场演示
	AZ-JN-005	安装意外事件处理技巧	现场演示
	AZ-JN-006	安装调试方法与注意事项	现场演示
	AZ-JN-007	如何轻松教会客户正确使用产品	现场演示

8.5 维修维护培训课程体系设计

8.5.1 维修维护培训课程的划分维度

高质量、高效率的维修维护服务是提升客户忠诚度的关键，企业可以通过培训提高维修维护人员的服务技能，从而提高服务质量和服务效率。维修维护培训课程可以按照态度、礼仪、知识和技能4个维度进行划分，具体如图8-4所示。

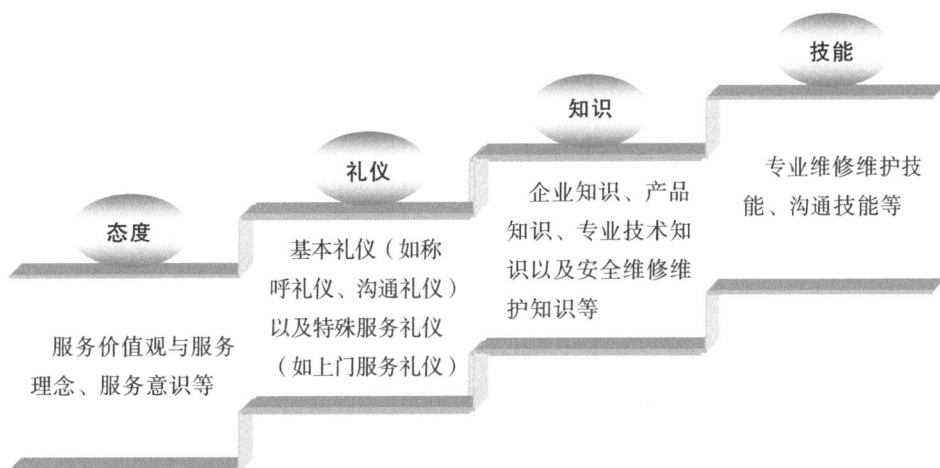

图8-4 维修维护培训课程的划分维度

8.5.2 维修维护培训课程体系

根据维修维护培训课程的划分维度，企业可以设计出表8-8所示的维修维护培训课程体系。

表8-8 维修维护培训课程体系

课程模块	课程名称	授课方式	授课时间	培训对象
态度	如何塑造维修维护人员的优质服务理念	面授	2个小时	维修维护管理人员
	提高维修维护人员服务意识的方法	面授	2个小时	维修维护人员

（续表）

课程模块		课程名称	授课方式	授课时间	培训对象
礼仪	基本	维修维护人员基本礼仪规范	现场演示	2个小时	维修维护人员
	特殊	维修维护人员的接待礼仪	现场演示	2个小时	维修维护人员
		维修维护人员上门服务礼仪	现场演示	2个小时	维修维护人员
知识	企业与产品知识	企业发展历史与经营思想概述	面授	2个小时	维修维护人员
		企业产品知识概论	面授	2个小时	维修维护人员
	维修维护知识	企业产品维修维护知识	面授	2个小时	维修维护人员
		企业产品维修维护理论与实务	面授	2个小时	维修维护人员
	安全知识	安全常识培训	面授	2个小时	维修维护人员
		企业产品维修维护中的注意事项	面授	2个小时	维修维护人员
技能	维修维护技能	维修维护工具使用技能提升训练	现场演示	2个小时	维修维护人员
		企业产品故障分析与排除技能	现场演示	2个小时	维修维护人员
	沟通技能	维修维护中与客户沟通的基本话术	面授	2个小时	维修维护人员
		如何向客户提问	面授	2个小时	维修维护人员
		处理客户抱怨的技巧	面授	2个小时	维修维护人员
	指导技能	轻松教会客户排除产品小故障	面授	2个小时	维修维护人员
		如何指导客户正确保养产品	面授	2个小时	维修维护人员

第9章

财务、人力资源及行政管理培训课程体系设计

9.1 财务会计通用知识类培训课程体系设计

9.1.1 财务会计类岗位通用知识导图

财务会计人员需要了解或掌握的专业知识主要包括 8 个方面，即法律知识、管理知识、税务知识、内控知识、财务知识、会计知识、审计知识和金融知识，具体的知识导图如图 9-1 所示。

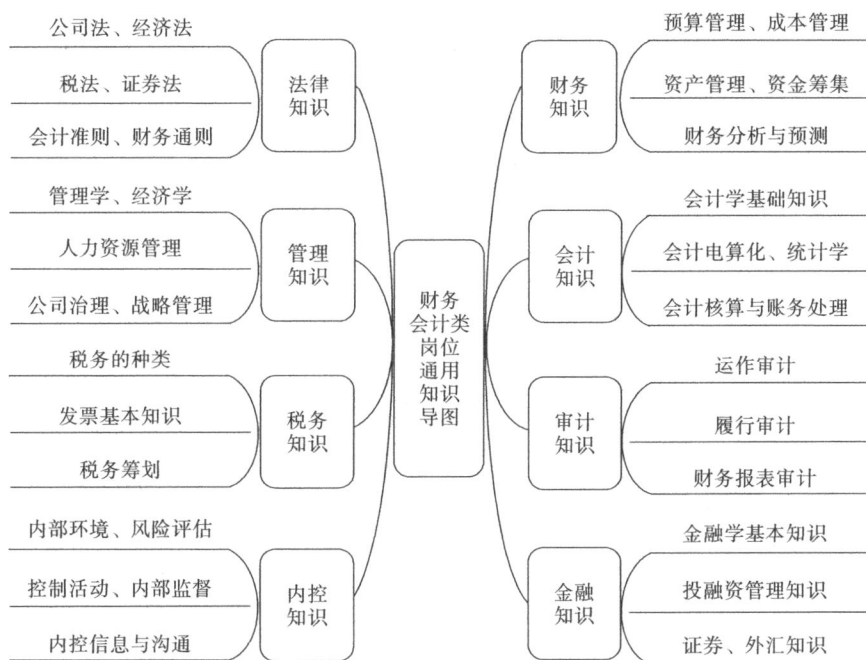

图 9-1 财务会计类岗位通用知识导图

除此之外，财务会计人员还必须了解资本预算知识、资产管理知识、资金运用知识、利润管理知识及外汇管理知识。

9.1.2 财务会计通用知识类培训课程体系

根据上述财务会计人员需要了解和掌握的知识，我们可以设计出表 9-1 所示的财务会计通用知识类培训课程体系。

表9-1　财务会计通用知识类培训课程体系

课程模块	课程名称	知识要点
法律知识	财会人员必备的法律知识	会计法、税法、公司法、合同法、会计准则等
管理知识	财会人员必备的管理知识	人力资源管理、公司治理、财务战略管理、管理学和经济学基本知识
财务知识	财会人员必备的财务知识 销售人员知识 经理人知识	财务报表分析、成本费用控制、会计科目管理、销售管理等
会计知识	快速学会会计账簿操作 成本预测与核算操作 快速掌握会计报表管理知识	账簿的启用和登记、明细账和总账的记账、银行存款和现金的收支报表、票据的开具、成本的预测与核算、各项会计科目的记账规范、会计核算对象与会计核算方法、会计制度的内容
审计知识	快速掌握财务审计知识	财务审计内容、审计风险的成因、审计风险存在的主要环节、内部审计在风险管理中的作用、审计风险的防范与控制
金融知识	快速读懂融资知识 快速学会常用投资知识	融资渠道、融资方式、投资分类、投资流程、投资决策评价方法、投资可行性报告的主要内容、风险投资计划书的编制
税务知识	快速掌握税务基本知识	报税工作流程等
内控知识	企业内控知识	内控制度要素、内控制度的内容构成、内控设计原则与流程、财务控制的方式和流程、现金收付控制的内容、应收账款控制的方法、存货控制要点、固定资产控制要点、采购业务控制要点、销售业务控制内容
资本预算知识	快速掌握资本预算知识	资本预算概述、资本预算工作流程、资本预算的方法、预算编制与平衡程序、生产成本预算、物料采购预算、设备预算、员工薪金预算、管理费用预算、销售预算等
资产管理知识	轻松学会货币资金管理知识	货币资金管理的种类、现金管理目标及相关规定、银行存款的种类、其他货币资金的内容
	快速掌握应收与预付款管理知识	应收账款管理的收益和代价、制定应收账款管理的信用政策、应收账款的日常管理
	快速掌握存货管理知识	存货管理的目标、与存货管理相关的4项成本、存货管理方法、存货的评价基准

（续表）

课程模块	课程名称	知识要点
资产管理知识	轻松学会固定资产管理知识	固定资产的分类、固定资产的计价方法、固定资产价值的构成部分
	轻松学会无形资产管理知识	无形资产的内容、无形资产的分类方法、无形资产的计价方法、无形资产的摊销方法
	快速了解资产管理流程	盘点程序、盘点流程、货物检验重点流程、库存差异分析流程等
资金运用知识	如何巧妙运用资金	资金使用审批流程等
利润管理知识	轻松掌握利润管理知识	利润的构成与计算、利润的结转方法、利润分配流程、成本与利润分析、产销量与利润分析等
外汇管理知识	轻松学会外汇管理知识	外汇风险的种类、外汇风险防范的措施、外汇风险管理的程序

9.2 财务会计工作提升类培训课程体系设计

9.2.1 财务会计工作提升点列表

财务会计人员主要从事会计核算和财务管理等工作，其业务水平的高低直接影响企业财会职能的发挥。因此，企业在提升财务会计人员的业务水平时，应找准其可提升的点，具体如表9-2所示。

表9-2 财会业务工作提升点列表

序　　号	提升点	提升点细化说明
1	会计核算	了解新旧会计准则的差别，提高针对新会计准则的实务操作技能
2	财务报表	提高资产负债表、利润表和现金流量表的编制、分析与预测等技能
3	税务管理	掌握新会计准则下的税法调整技巧，提高税务筹划技能
4	投融资管理	掌握投融资的基本概念和模式，提高投融资项目操作技巧
5	内部审计	熟悉内部审计具体准则，掌握内部审计的程序和方法
6	内部控制	了解内部会计控制规范相关知识，熟悉内部控制点和控制技巧

9.2.2　财务会计工作提升类培训课程体系

财务会计工作的改善需要借助培训来实现，为此，企业应构建相应的培训课程体系，具体内容如表9-3所示。

表9-3　财务会计工作提升类培训课程体系

课程模块		课程名称	培训对象
会计核算		轻松搞定会计记账工作	财务会计人员
		新会计准则下的实务操作与训练	
财务报表		如何读懂利润表	企业中高层管理人员
		如何读懂现金流量表	
		如何读懂资产负债表	
		如何利用Excel制作财务报表	财务会计人员
		如何进行财务报表分析与预测	
		财务报表分析报告编写技巧	
税务管理	税务实施	如何与税务机关沟通	财务会计人员、企业中高层管理人员
		如何配合税务稽查	
		关联企业的税务安排	
		实施税务自查与编写自查报告技巧	
	纳税	营业税纳税管理	财务会计人员
		消费税纳税管理	
		增值税纳税管理	
		新企业所得税纳税管理	
		个人所得税纳税管理	
		企业高收入者薪酬奖金纳税管理	
	风险规避	税务风险的规避与防范	
	其他	非财务人员的税务管理	企业中高层管理人员
投融资管理	投资管理	投资项目策划与执行	投资人员、项目管理人员、财务会计人员
		风险投资运作	
	融资管理	企业融资策划	融资人员、财务会计人员、企业中高层管理人员
		企业融资风险防范	
		企业私募融资的技巧	

课程模块		课程名称	培训对象
内部审计	审计事项	销售与收款循环审计技巧	审计人员、 财务会计人员
		购货与付款循环审计技巧	
		生产循环审计技巧	
		投资与融资循环审计技巧	
	其他	失真会计信息的识别与预警	
		跨国企业内部审计与风险防范	
内部控制		内部控制检查评估技术	财务会计人员、审计 人员、企业中高层 管理人员
		企业如何实施有效的内部控制	
		企业内部控制基本规范解析与应用	

9.3 财务会计问题解决类培训课程体系设计

9.3.1 财务会计问题分析

财务会计工作中会出现各种各样的问题，具体如表9-4所示。

表9-4 财务会计问题分析列表

序号	问题分类	问题细化说明
1	企业账目不规范	企业账目不规范主要是指业务与核算脱节、账目不健全、票据不规范等
2	纳税不规范	企业在纳税方面出现不规范的操作
3	出现财务风险	企业运营过程中出现各种财务风险
4	出现财务纠纷	财务纠纷主要是指与合同相关的财务纠纷、与收支账相关的财务纠纷以及与票据相关的财务纠纷
5	发生财务舞弊现象	财务舞弊主要包括企业报表舞弊、审计报告舞弊和评估报告舞弊

（续表）

序号	问题分类	问题细化说明
6	财务会计人员整体素质低下	◇部分财务会计人员没有进行财务及相关业务知识的学习，对财会知识一知半解，不能按会计制度建立账簿，记账随意，手续不清，差错严重 ◇财务会计人员学历低，专业知识匮乏

9.3.2 财务会计问题解决类培训课程体系

企业可以根据自身财务会计方面存在的问题设计出不同的培训课程体系，表9-5是某企业的培训课程体系，供读者参考。

表9-5　财会问题培训课程体系

财会问题	设计目的	培训对象	课程名称
企业账目不规范	规范企业内部所有财会账目	◇ 财务会计人员	◇ Excel 在财务管理中的应用 ◇ 会计凭证的编制技巧 ◇ 会计账簿的编制技巧 ◇ 会计报表的制作技巧
纳税不规范	掌握纳税法规，合理进行税务筹划	◇ 财务会计人员 ◇ 税务人员	◇ 学习纳税法规 ◇ 税务筹划要点
出现财务风险	有效控制企业中的各项财务风险	◇ 企业中高层管理人员 ◇ 财务会计人员	◇ 企业税务风险管理 ◇ 企业信用风险管理 ◇ 企业库存风险管理 ◇ 企业投融资风险管理 ◇ 企业并购中的财务风险管理 ◇ 企业财务风险预警
出现财务纠纷	防范和处理经营过程中出现的财务纠纷	◇ 财务会计人员 ◇ 企业中高层管理人员	◇ 如何防范与合同相关的财务纠纷 ◇ 如何防范与票据相关的财务纠纷 ◇ 如何防范与收支账相关的财务纠纷
发生财务舞弊现象	防范并杜绝企业财务舞弊现象的发生	◇ 财会管理人员 ◇ 企业中高层管理人员	◇ 识别和防范企业报表中的财务舞弊 ◇ 识别和防范审计报告中的财务舞弊 ◇ 识别和防范评估报告中的财务舞弊

（续表）

财会问题	设计目的	培训对象	课程名称
财会人员整体素质低下	提高财会人员的职业素质	◇ 财务会计人员	◇ 塑造财会人员的专业形象 ◇ 财会人员的商务礼仪训练 ◇ 财会人员的职业操守培养

9.4 人力资源及行政管理通用知识类培训课程体系设计

9.4.1 人力资源及行政类岗位通用知识导图

1. 人力资源类岗位通用知识导图

人力资源从业人员需要了解或掌握的知识主要包括法律知识、人力资源规划知识、招聘管理知识、培训管理知识、绩效管理知识、薪酬管理知识、劳动关系管理知识、职业生涯规划知识8个方面。其知识导图如图9-2所示。

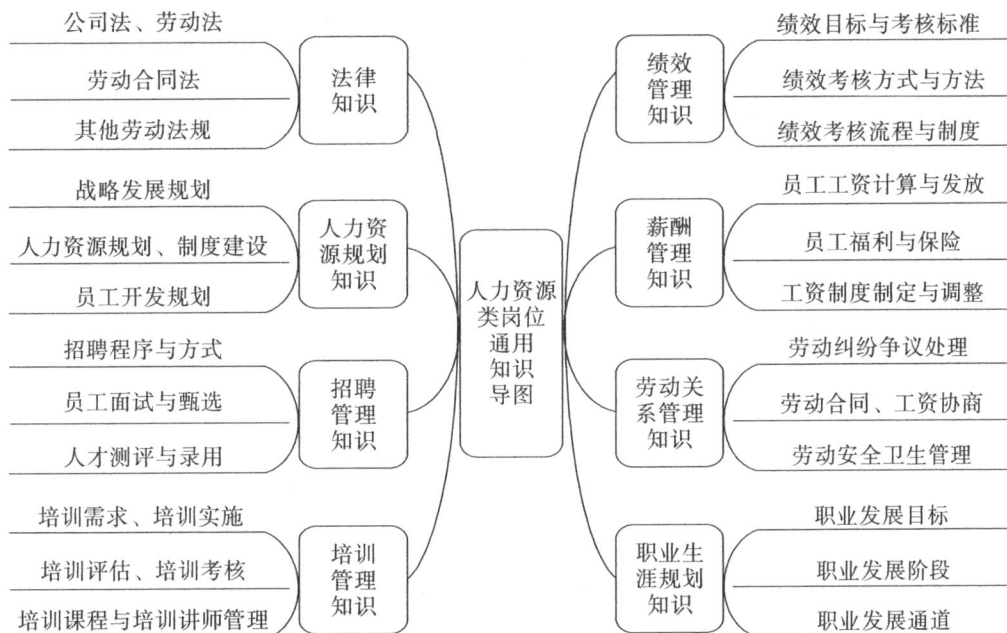

图9-2 人力资源类岗位通用知识导图

2. 行政类岗位通用知识导图

行政人员需要了解或掌握的知识主要包括行政日常管理知识、办公自动化知识、后勤服务管理知识、公共关系知识4个方面。其知识导图如图9-3所示。

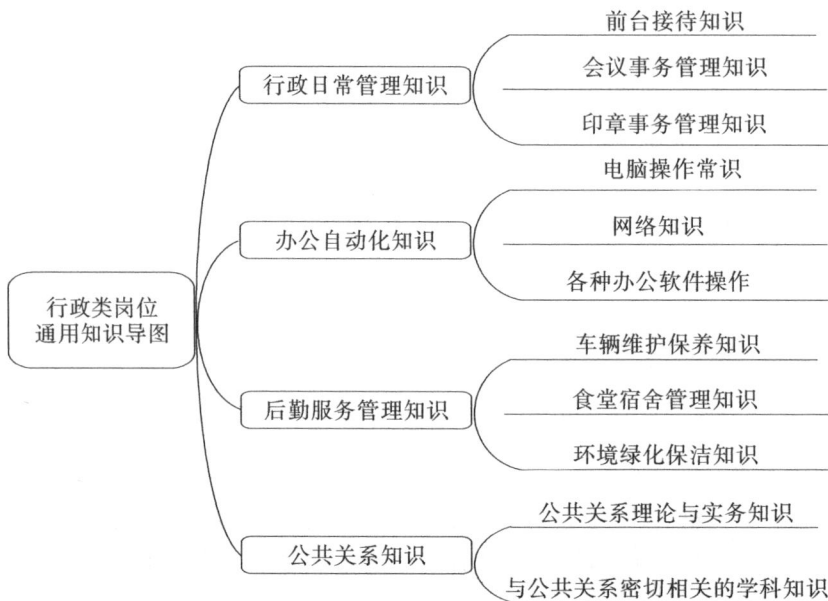

图9-3　行政类岗位通用知识导图

9.4.2　人力资源及行政管理通用知识类培训课程体系

1. 人力资源管理通用知识类培训课程体系

人力资源管理通用知识类培训课程体系如图9-4所示。

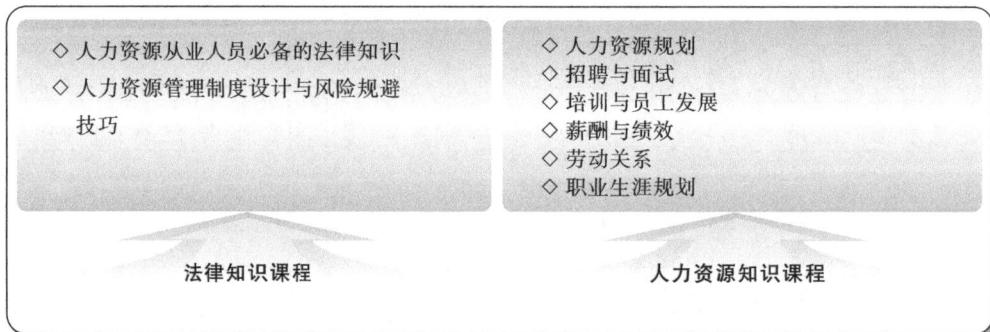

图9-4　人力资源通用知识类培训课程体系

2. 行政管理通用知识类培训课程体系

行政管理通用知识类培训课程体系如表9-6所示。

表9-6　行政管理通用知识类培训课程体系

课程模块	课程名称	知识要点
会议知识	快速掌握会议知识	会前准备、会中控制、会后评估
接待知识	快速学会基本接待知识	公务迎接、会见与送别
档案管理知识	轻松掌握档案管理知识	档案编号、档案保管、档案借阅
公文处理知识	快速学会公文处理知识	公文编写、公文接收与发送
后勤服务管理知识	快速掌握后勤服务管理知识	食宿管理、环境卫生、办公绿化、车辆维护保养
办公用品采购知识	快速学会办公用品采购知识	办公用品的采购流程、办公用品采购成本控制、办公用品检验入库
办公自动化知识	快速掌握办公软件的操作方法	各种办公软件的使用
商务礼仪知识	快速了解基本商务礼仪	接待礼仪、出行礼仪、商谈礼仪、会议礼仪

9.5　人力资源业务类培训课程体系设计

9.5.1　人力资源业务类培训课程的划分维度

人力资源业务类培训课程是以人力资源规划、招聘管理、培训管理、薪酬管理、绩效管理、胜任素质模型、人才测评、职业生涯规划、员工关系管理9项业务为维度进行划分的，具体内容如图9-5及表9-7所示。

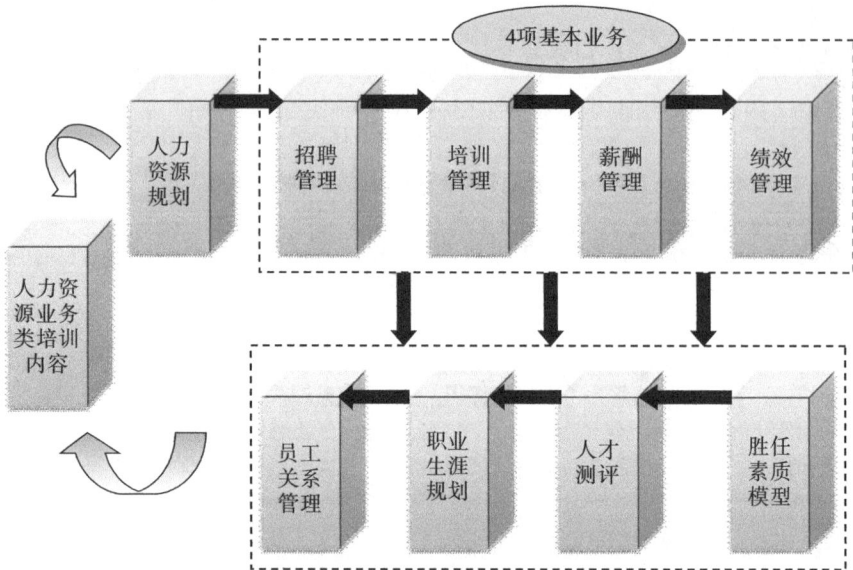

图9-5　人力资源业务类培训课程的划分维度

表9-7　人力资源业务类培训课程的内容

序号	划分维度		具体说明
1	人力资源规划		人力资源战略分析、现有人力资源状况分析、人力资源供需状况预测与分析、人力资源规划流程、人力资源规划内容、人力资源规划评价程序与方法
2	招聘管理		招聘方式、招聘途径、招聘流程、面试种类与方法、面试技巧、面试试题编制技巧
3	培训管理		培训体系的建设、培训需求分析、培训课程开发与设计、培训运营管理、培训效果评估管理、E-Learning课程的建设
4	薪酬管理		工资体系的设计、福利津贴的设计、各类人员薪酬设计、员工薪酬激励的技巧
5	绩效管理	通用	绩效考核目标分解与考核指标设计、绩效考核实施管理、绩效考核结果面谈技巧、绩效考核方法与工具
		部门	市场部绩效考核设计、销售部绩效考核设计、生产部绩效考核设计、质量部绩效考核设计、采购部绩效考核设计、财务部绩效考核设计、行政部绩效考核设计等

（续表）

序号	划分维度		具体说明
6	胜任素质模型		胜任素质模型的构建流程、胜任素质模型的构建方法、识别胜任素质的技术与工具、胜任素质的测评、胜任素质模型在人力资源管理中的应用、各类人员胜任素质模型的构建
7	人才测评	工具	心理测评工具、常用智力测评工具、能力测评工具、人格测评工具
		人员	基层管理人员测评、中高层管理人员测评、核心员工测评、生产人员测评、财务人员测评、技术人员测评、营销人员测评
8	职业生涯规划		职业生涯规划流程、职业生涯规划内容、职业生涯规划评估、职业生涯发展通道、职业生涯规划的实施工具、各类人员职业发展设计工具
9	员工关系管理		劳动合同的签订、劳动争议的处理、职业安全的保护、人事外包和劳务派遣

9.5.2　人力资源业务类培训课程体系

人力资源业务类培训课程体系可以按照上述的课程划分维度进行设计，具体内容如表9-8所示。

表9-8　人力资源业务类培训课程体系

课程模块	课程名称	培训对象
人力资源规划	如何进行人力资源管理诊断	企业中高层管理人员、人力资源总监、人力资源经理
	如何提升人力资源规划的可操作性	
	如何制定组织体系规划、人力分配规划、人力补充规划与教育培训规划	
招聘管理	如何利用社交媒体进行招聘	企业各业务部门经理（主管）、人力资源经理、招聘主管、招聘专员
	如何设计员工选拔测评方案	
	结构化面试与选拔技巧	
	面试前、面试中、面试后的应用技巧	
	如何判断应聘人员与岗位、部门、企业的匹配度	

（续表）

课程模块		课程名称	培训对象
培训管理		如何让企业员工支持培训工作	企业各业务部门经理（主管）、人力资源经理、培训主管、培训专员、培训讲师
		如何进行培训效果评估	
		如何构建企业培训体系	
		如何设计企业培训课程体系	
		如何提升年度培训计划的可操作性	
薪酬管理		企业内部公平的薪酬职等设计技巧	企业中高层管理人员、财务人员、人力资源总监、人力资源经理、薪酬主管
		外部有竞争力的薪酬结构设计技巧	
		激励性员工福利计划设计实务	
		如何设计科学的薪金福利制度	
绩效管理	按人员设计	企业中高层管理者的绩效考核设计	企业中高层管理人员、人力资源总监、人力资源经理、绩效主管以及各部门经理（主管）
		研发技术人员的绩效考核设计	
		销售人员的绩效考核设计	
		采购人员的绩效考核设计	
		生产人员的绩效考核设计	
	按事项设计	年终绩效考核设计技巧	
		KPI 绩效考核	
		目标管理与绩效考核设计技巧	
		项目绩效考核管理实务	
胜任素质模型	通用	胜任素质模型的构建	从事人力资源工作的相关人员
		基于胜任素质模型的培训管理	
		基于胜任素质模型的绩效管理	
		胜任素质模型在人才选拔中的应用	
	各类人员	营销部人员胜任素质模型的构建	
		生产部人员胜任素质模型的构建	
		财务部人员胜任素质模型的构建	
		人力资源部人员胜任素质模型的构建	

（续表）

课程模块		课程名称	培训对象
人才测评		实用人才测评技术	企业中高层管理人员、从事人力资源工作的相关人员
		人才测评技术的应用	
		不同人员测评的方法与技巧	
职业生涯规划	按人员设计	销售人员的职业生涯规划	企业中高层管理人员、从事人力资源工作的相关人员以及对人力资源管理感兴趣的企业员工
		财务人员的职业生涯规划	
		生产人员的职业生涯规划	
		女性管理者的职业生涯规划	
		白领精英的职业生涯规划	
	按事项设计	如何进行员工职业生涯规划	
		职业锚与职业生涯规划	
		职业生涯规划技术与方法	
	实施工具	测评与职业生涯规划	
		培训与职业生涯规划	
		考核与职业生涯规划	
		晋升与职业生涯规划	
员工关系管理		员工关系管理中劳动法规的应用	企业中高层管理人员、从事人力资源工作的相关人员
		处理员工内部冲突的技巧	
		如何高效处理员工劳动争议	
其他		非人力资源经理的人力资源管理	各业务部门经理、高层管理人员

9.6 行政业务类培训课程体系设计

9.6.1 行政业务类培训课程的划分维度

企业行政部主要负责企业行政管理和日常事务；协助总经理搞好各部门之间的综合协调工作，落实企业各项规章制度，加强对各项工作的督促和检查；沟通内外联系，保证上情下达和下情上报；负责对会议商定的事项进行催办、查办和落实；加强对外联络，拓展公关业务；负责企业车辆、员工食宿以及环境卫生、安全等管理。

按照行政部的主要工作职责，我们可以将行政业务类培训课程划分为图9-6所示的5大维度。

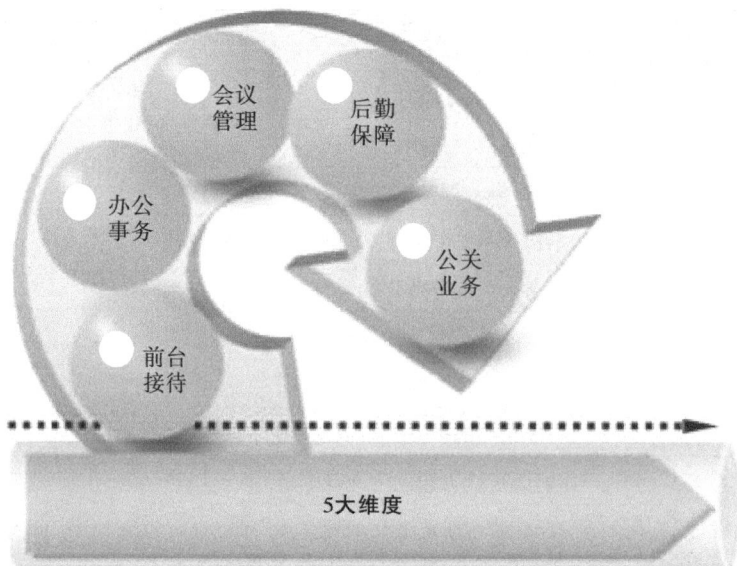

图9-6　行政业务类培训课程的划分维度

　　如图9-6所示，行政业务类培训课程的5大划分维度为前台接待、办公事务、会议管理、后勤保障、公关业务，具体说明见表9-9。

表9-9　行政业务类培训课程的划分维度

序号	划分维度		具体说明
1	前台接待		接待礼仪、电话沟通礼仪、文件收发、客人来访登记流程
2	办公事务	办公文件	办公文件的收发流程、办公文件的撰写技巧、办公文件的上传下达、办公文件的保管、办公文件的销毁
		图书资料	图书资料的购买、图书资料的编号、图书资料的借阅、图书资料的保管、过期资料的处理
		档案管理	档案编号方法、档案保管技巧、档案借阅流程、档案更新管理、档案自查窍门
		办公用品与设备	办公用品的采购、办公用品的领用、办公用品的发放、办公设备的维修和保养、办公设备的登记与盘点
		其他	企业印章的使用与保管、企业证照的管理

（续表）

序号	划分维度		具体说明
3	会议管理	流程	会前准备、会中控制、会后总结
		事项	会议召开技巧、会议沟通、会议记录、会议组织策略、会议服务
4	后勤保障		车辆管理、绿化管理、环境卫生管理、员工食宿管理、安保管理
5	公关业务		公关接待礼仪、公关活动的举办、公关危机处理、宣传公文撰写技巧、企业庆典活动与新闻发布会的举办、媒体宣传的技巧

9.6.2 行政业务类培训课程体系

行政业务类培训课程体系如表9-10所示。

表9-10 行政业务类培训课程体系

课程模块		课程名称	培训对象
前台接待		前台接待应知应会几大事项	前台接待人员
办公事务		公文写作与处理技巧	企业经理助理、高级秘书、专业秘书、高级行政支持人员、行政人员、行政助理、办公室主任
		办公室档案管理	
		办公商务礼仪	
		办公用品采购技巧	
会议管理	按会议流程设计	如何做好会前准备工作	企业中高层管理人员、办公室主任、部门经理（主管）、行政管理人员
		如何进行会议进度控制	
		如何进行会后总结与汇报	
	按技巧与方法设计	做好会议主持的5大技巧	
		提高会议效率的6大利器	
		如何落实会议决议	
	按会议类型设计	生产会议（班组会议）管理	
		销售会议管理	
		财务会议管理	

（续表）

课程模块		课程名称	培训对象
后勤保障	车辆	车辆管理技巧	总务后勤保障人员、企业基层管理人员
	绿化	办公区绿化管理	
	卫生	环境卫生检查技巧	
	食宿	员工食宿管理实务	
	安保	生产区安全保卫管理	企业基层管理人员、行政管理人员
		办公场所安全保卫管理	
公关业务		公关接待礼仪	企业中高层管理人员、行政公关人员
		出访礼仪	
		如何举办成功的公关活动	
		危机公关处理技巧	
		企业对政府部门的公关技巧	

9.7 人力资源问题解决类培训课程体系设计

9.7.1 人力资源问题分析

人力资源问题是指企业在开展人力资源管理工作过程中遇到的一些问题，具体如表9-11所示。

表9-11 人力资源问题分析列表

序号	问题分类	问题细化说明
1	人力资源规划实施效果不易评价	人力资源规划的执行情况很难用量化的方法进行评价
2	招聘成本过高	招聘费用较高；通过层层筛选招聘的员工短时间内离职率很高，招聘成本上升
3	招聘来的员工不符合企业要求	招聘环节不严谨
4	员工离职率过高	企业内部管理和员工激励不够
5	人力成本过高	薪酬设计不合理、培训费用控制不到位等问题均有可能导致人力成本过高
6	员工对培训很反感，满意度很低	员工不支持培训工作，认为培训不能实际解决问题
7	绩效考核实施困难	绩效考核方法、方式不合理，不能实现真正的公平
8	薪酬设计不合理	不同职级的工资水平相差较大，不同职别的工资水平悬殊较大
9	员工劳动争议过多	员工关系方面的问题比较多，如劳动合同、薪酬、福利等方面均存在争议

9.7.2 人力资源问题解决类培训课程体系

基于上述问题，我们设计出表9-12所示的课程体系。

表9-12 人力资源问题解决类培训课程体系

问题	课程名称
人力资源规划实施效果不易评价	人力资源规划制定与管理
	如何评价人力资源规划实施效果
招聘成本过高	降低招聘成本的8种措施
	通过合理利用招聘渠道节省招聘费用
招聘来的员工不符合企业要求	员工招聘过程中如何应用人才测评工具
	掌握招聘优秀员工的技巧
员工离职率过高	如何有效激励员工
	如何培养和留住企业核心员工
	通过晋升及职业规划留住核心员工
人力成本过高	如何进行人力成本预算
	如何控制人工成本
员工对培训很反感，满意度很低	如何设计员工满意的培训项目
绩效考核实施困难	绩效考核制度设计方法与技巧
	岗位目标体系构建实务
	如何设计KPI权重与评价标准
	绩效评估技巧
	绩效结果运用技巧
薪酬设计不合理	如何运用外部薪酬调查数据
	如何制定企业的薪酬策略
	招聘、晋升、岗位变动、普遍调薪等特殊调薪事项的处理技巧
员工劳动争议过多	如何处理员工内部冲突
	如何防范与避免劳动纠纷
	如何正确对待劳动争议

9.8 行政问题解决类培训课程体系设计

9.8.1 行政问题分析

企业在设计行政问题解决类培训课程体系时应先分析行政问题，常见的行政问题如表9-13所示。

表9-13 行政问题分析

序号	问题分类	问题细化说明
1	行政人员素质有待提高	行政人员缺乏系统的培训，整体素质有待提高
2	会议组织能力差	会议不能准时召开、会场秩序混乱、会议效果较差、相关部门人员满意度低等
3	行政经费过高	行政费用控制不到位，行政经费大大超出预算
4	突发事件过多	会议组织、危机公关等突发事件过多
5	与其他部门存在沟通障碍	经常收到其他部门提出的无理要求，如未到企业规定的时间提前申请更换办公设备；无法得到其他部门的支持与配合，如办公室需要装修，其他部门不予配合等
6	工作时间不够用	行政事务繁杂，在有效的工作时间内无法完成工作任务
7	办公用品管理混乱	办公用品采购成本经常超出企业预算；办公用品的发放不规范，导致大量办公用品对不上账；办公用品保管不当，导致办公用品无法正常使用
8	固定资产磨损过度	未对固定资产进行维修保养，导致固定资产磨损过度；固定资产盘点不到位，造成企业资产损失

9.8.2 行政问题解决类培训课程体系

基于上述行政问题设计的培训课程体系如表9-14所示。

表9-14 行政问题解决类培训课程体系

问题	课程名称
行政人员素质有待提高	行政人员职业化形象打造与职业心态培养
	出访接待礼仪
会议组织能力差	会议组织技能提升
与其他部门存在沟通障碍	跨部门沟通技能提升
	如何赢得其他部门的支持与配合
	如何轻松搞定难缠的员工
行政经费过高	降低行政成本的8个方法
工作时间不够用	如何有效地利用工作时间
	利用办公软件进行行政管理
	突发事件处理程序与技巧
	如何有效地预防突发事件
办公用品管理混乱	办公用品的保管与发放技巧
	如何降低办公用品的采购费用
固定资产磨损过度	固定资产维修保养技巧
	固定资产的编号与清查
	固定资产的报废流程与方法

第10章

4类人员
培训课程体系设计

10.1 新员工培训课程体系设计

10.1.1 新员工培训课程体系设计维度

图 10-1 列举了新员工培训课程体系设计的维度。

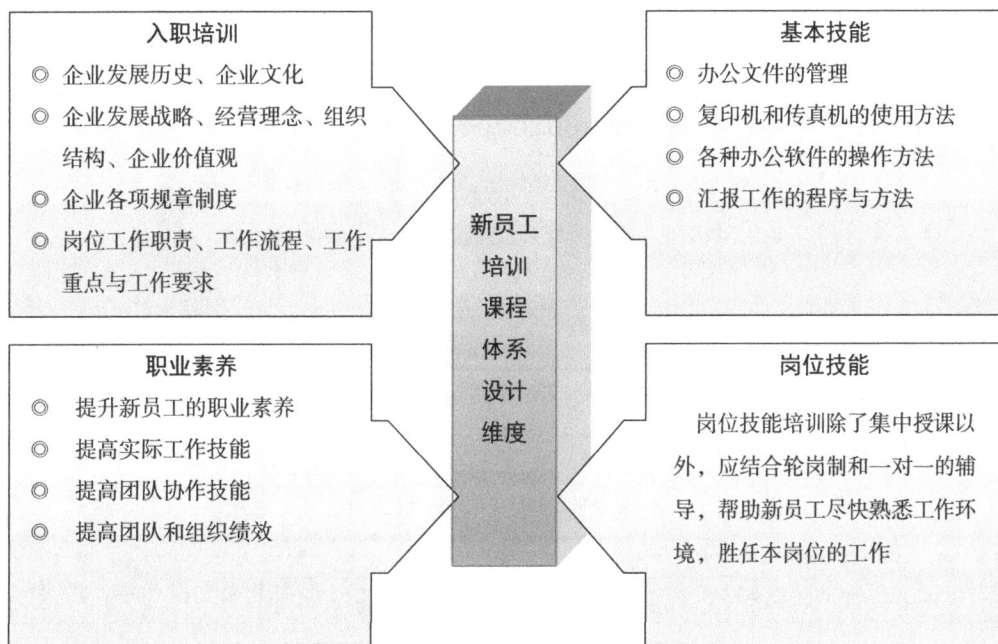

入职培训
◎ 企业发展历史、企业文化
◎ 企业发展战略、经营理念、组织结构、企业价值观
◎ 企业各项规章制度
◎ 岗位工作职责、工作流程、工作重点与工作要求

基本技能
◎ 办公文件的管理
◎ 复印机和传真机的使用方法
◎ 各种办公软件的操作方法
◎ 汇报工作的程序与方法

新员工培训课程体系设计维度

职业素养
◎ 提升新员工的职业素养
◎ 提高实际工作技能
◎ 提高团队协作技能
◎ 提高团队和组织绩效

岗位技能
岗位技能培训除了集中授课以外,应结合轮岗制和一对一的辅导,帮助新员工尽快熟悉工作环境,胜任本岗位的工作

图 10-1 新员工培训课程体系设计的维度

10.1.2 新员工培训课程体系设计方法

1. 新员工培训课程体系设计的考虑因素

企业要想设计有效的新员工培训课程体系,需要考虑图 10-2 所示的 4 个因素。

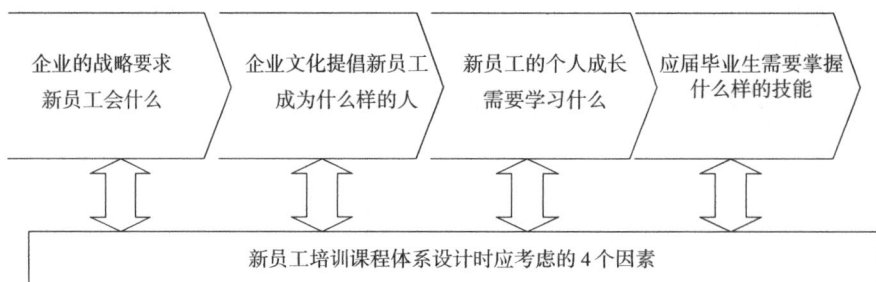

图 10-2　新员工培训课程体系设计时应考虑的 4 个因素

2. 新员工培训课程体系设计流程

新员工培训课程体系设计流程如图 10-3 所示。

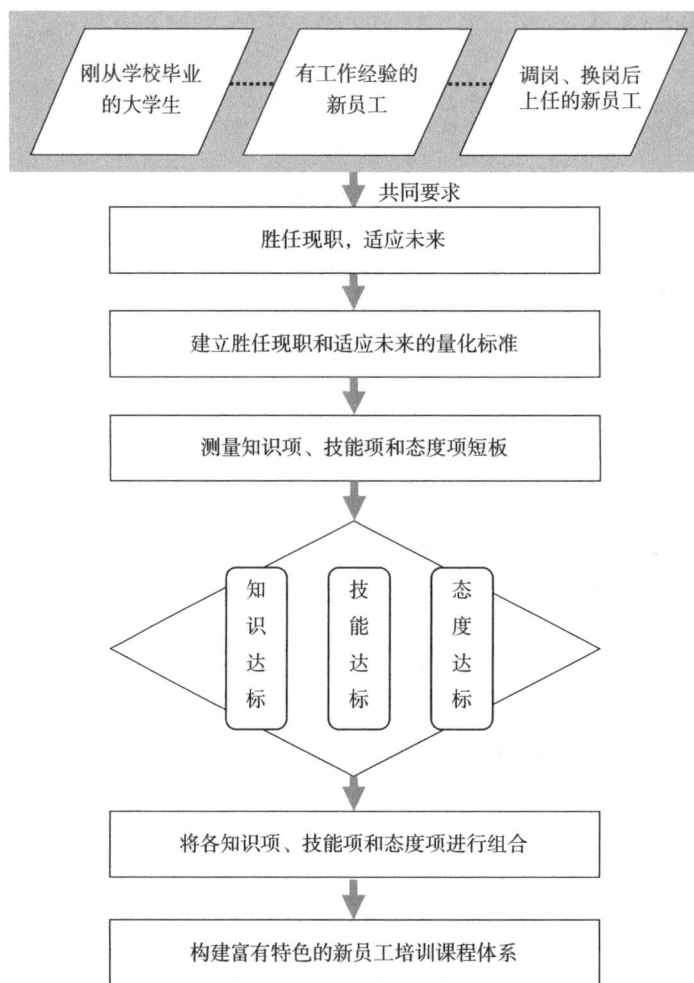

图 10-3　新员工培训课程体系设计流程

3. 新员工培训课程体系设计举例

态度类课程是新员工培训课程体系中重要的部分，下面以态度类课程为例阐述新员工培训课程体系设计方法。

态度类课程的设计同企业文化特点密不可分，如制造企业强调员工对纪律的严格遵守，而高科技企业则会体现对员工个人风格的尊重。态度类课程体系设计方法如图 10-4 所示。

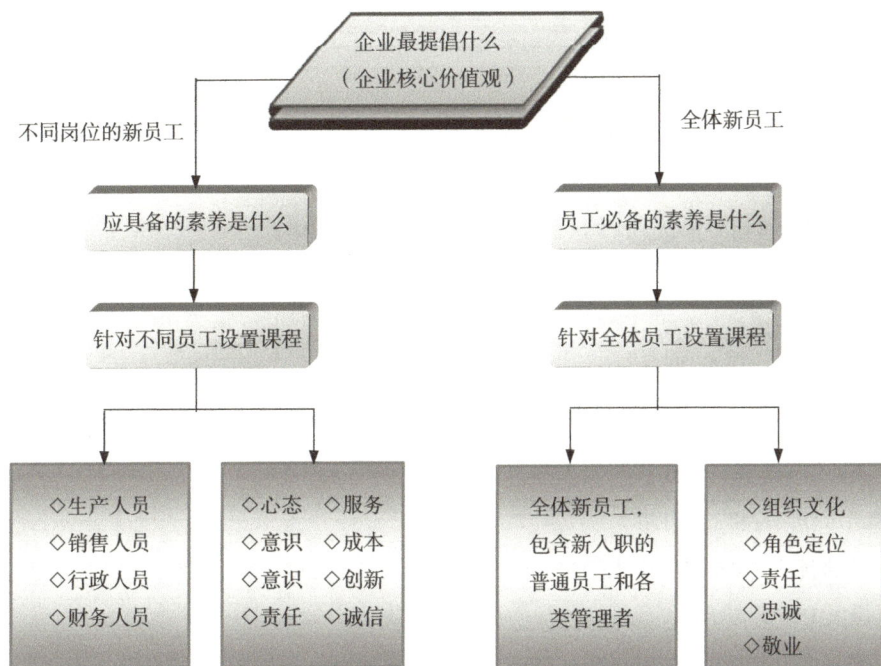

图 10-4　新员工态度类培训课程体系设计方法

10.1.3　新员工培训课程体系设计方案

1. 新进应届毕业生培训课程体系设计方案

以下是××企业新进应届毕业生的培训课程体系设计方案，供读者参考。

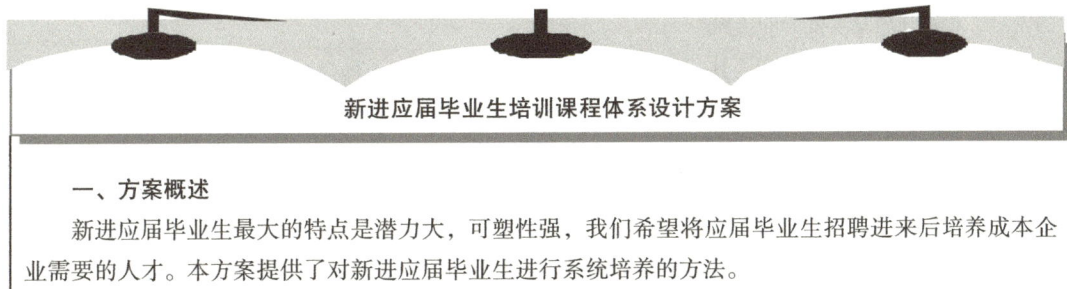

新进应届毕业生培训课程体系设计方案

一、方案概述

新进应届毕业生最大的特点是潜力大，可塑性强，我们希望将应届毕业生招聘进来后培养成本企业需要的人才。本方案提供了对新进应届毕业生进行系统培养的方法。

（续）

二、新进应届毕业生的特点与培训目标

1. 明确新进应届毕业生的特点

（1）有知识而无经验，且轻视经验的作用，往往眼高手低。

（2）对企业、工作的了解停留在表面或根本不了解。

（3）自我定位模糊不清，雄心勃勃，但抗打击能力不强，欠缺战胜挫折的能力。

（4）可能存在团队意识不强、缺乏大局观念的问题。

2. 确定新进应届毕业生培训目标

（1）熟悉企业，对企业产生兴趣并建立忠诚度。

（2）熟悉岗位，对工作产生兴趣并形成偏爱。

（3）掌握基本技能和专业技能，尽早达到企业期望的工作效率。

三、明确新进应届毕业生的培训内容

1. 企业文化和核心价值观

应届毕业生刚刚走出学校的大门，对企业的认识还停留在表面，而且缺乏对企业的归属感，这就需要开展有关企业文化和企业核心价值观的培训，让新进应届毕业生认同并接受企业的核心价值观，增强对企业的信任感和归属感。

2. 熟悉工作岗位和工作环境

（1）帮助新进应届毕业生在最短的时间内适应企业的工作环境、快速了解工作内容、适应工作岗位要求、融入工作氛围。

（2）培训内容主要包括工作流程、工作岗位职责、工作目标及工作考核项目等。

3. 职业素养培训

新进应届毕业生在校期间掌握了较多的专业知识和技能，但对于自身应具备的职业素养可能缺乏系统的认识。可提升应届毕业生职业素养的培训课程包括沟通技巧、时间管理技巧、有效转变工作角色、按时完成工作任务、团队协作、诚信与职业道德、问题分析与解决等。

4. 基本技能培训

（1）新进应届毕业生缺乏开展日常工作所需的基本技能，企业可以根据新进应届毕业生所在岗位的特点，对其开展基本技能的培训。

（2）基本技能培训的内容包括如何与顾客打交道、如何进行文件管理、如何使用复印机和传真机等。

四、构建新进应届毕业生培训课程体系

下面是根据新进应届毕业生的特点以及培训内容构建的培训课程体系。

（续）

新进应届毕业生培训课程体系

课程模块	课程名称	
入职培训	企业概况	企业经营之道
	企业各项规章制度简介	企业发展历程
	企业创始人及 LOGO 介绍	企业大事记
岗位认知	岗位职责与工作流程	部门内部与跨部门的沟通
职业素养	如何从学生转变成职场人	塑造良好的职业心态
	职场新人的社交礼仪	提升团队合作意识
	有效沟通技巧	时间管理技能提升
基本技能	如何完成工作	Word 应用技巧
	PowerPoint 入门与提高	Excel 入门与提高
	如何与顾客打交道	如何处理办公文件
自我发展	职业生涯发展规划	持续学习的方法与技巧
	如何提升变革管理能力	如何增强抗压能力

五、不同企业新进应届毕业生培训课程体系

下面介绍3种不同企业的新进应届毕业生培训课程体系，仅供参考。

1．高科技企业新进应届毕业生培训课程体系

某高科技企业新进应届毕业生培训课程体系如下表所示。

某高科技企业新进应届毕业生培训课程体系

课程模块	课程名称		课程模块	课程名称
岗位内容	岗位职责要求		组织内容	企业组织结构
	岗位工作汇报			企业运营模式
	岗位内外部工作联系			企业发展战略
	岗位工作目标及考核项目			企业文化介绍
素质技能	沟通能力	时间管理	自我发展	持续学习能力
	团队合作	职业道德		职业生涯规划
	问题分析与解决能力			变革管理能力

（续）

2. 家电制造企业新进应届毕业生培训课程体系

某家电制造企业新进应届毕业生培训课程体系如下表所示。

某家电制造企业新进应届毕业生培训课程体系

课程模块	课程名称	课程模块	课程名称
企业文化	企业发展历史	基本素养	沟通能力
	企业经营理念		执行能力
	企业价值观与发展战略		诚信与职业道德
	企业产品介绍与安全管理		问题解决能力
专业素质	如何开展工作	工作态度	如何对待工作
	把握工作中的细节		扮演团队角色
	岗位技能提升		不找借口找办法

3. 软件开发企业新进应届毕业生培训课程体系

某软件开发企业新进应届毕业生培训课程体系如下表所示。

某软件开发企业新进应届毕业生培训课程体系

课程模块	课程名称	课程模块	课程名称
企业文化	企业发展历史	职业素养	沟通能力
	企业经营理念		执行能力
	企业价值观与发展战略		职业心态
	企业产品介绍与安全管理		商务礼仪
专业技能	软件测试	项目实战	软件工程
	网络运营与维护		项目管理
	数据库开发及维护		软件开发

2. 新员工培训课程体系设计方案

以下是××企业的新员工培训课程体系设计方案，供读者参考。

新员工培训课程体系设计方案

一、方案概述

新员工培训能帮助新员工快速了解公司，尽快进入工作角色，认同企业文化。因此，企业有必要构建新员工培训课程体系。

二、新员工培训的现状

目前，本企业新员工入职培训工作不到位，具体表现在以下两个方面。

1. 新员工培训不及时，导致培训失去意义

很多员工加入公司很久之后才有机会参加新员工培训，从而导致培训无明显效果。

2. 针对新员工的培训课程还没有形成体系，部分课程还未添加到体系之中。

三、构建新员工培训课程体系的设想

下一步，我们会将公司原有的入职指导重新修改后加入培训课程体系。

（1）部门负责人为新员工入职引导人。入职引导人在新员工入职第一天，应协助新员工取得"入职须知"上所列各项资料，并向新员工介绍部门职能、人员情况、工作内容和要求，帮助新员工了解公司有关规定。

（2）任何有关工作的具体事务，如确定工位、领取办公用品、使用办公设备、用餐、搭乘班车等，新员工均可咨询其入职引导人。

四、新员工培训课程体系

公司新员工培训课程体系如下表所示。

新员工培训课程体系

课程名称	课程目的	课时	主讲人	备注
培训致辞	让员工清楚地知道怎样成为一个合格的××人	0.5 个小时	培训部经理	以座谈的形式让公司高层与新员工交流
入职指导	让新员工尽快了解"员工手册"中的内容	1 个小时	各业务部门经理	首先需要对各部门经理进行培训
××发展史	让新员工了解公司的发展历程	1.5 个小时	公司总经理	做成 PPT 课件，穿插不同时期的照片

（续）

课程名称	课程目的	课时	主讲人	备注
××未来发展规划	让新员工清楚公司未来的发展方向	1.5个小时	公司总经理	详细说明公司的发展战略以及未来3年的发展规划
××的人力资源政策和考核体系	让新员工了解公司的人力资源政策及相关考核制度	1个小时	人力资源部经理	课程可以采用问答形式，新员工可以提问
××组织结构及各部门职能介绍	让新员工了解公司各部门职能及公司的相关架构	1个小时	人力资源部经理	—
××业务流程	熟悉公司业务运作流程	1个小时	培训部经理	—
××项目介绍	了解公司经营范围及项目	1个小时	培训部经理	—
职业生涯规划	了解个人职业生涯规划工具，介绍公司为员工提供的职业生涯规划	2个小时	培训部经理	—
职业礼仪	打造新员工的职业形象	2个小时	外聘讲师	外部课程
职业心态	塑造新员工的职业心态	2个小时	外聘讲师	外部课程
自我管理	介绍有效沟通、时间管理、团队工作的技巧	4个小时	内部讲师	内部专职讲师授课
电脑操作	提高新员工的电脑操作技能	2个小时	各部门经理	根据岗位需求进行培训
其他	考试、户外拓展	6个小时	视情况而定	

10.2 班组长培训课程体系设计

10.2.1 班组长培训课程要解决的问题

班组长是一线管理的主力，班组长的管理能力如何，直接决定了生产的效率、质量、成本、安全以及交期和员工士气等。因此，针对班组长开设的培训课程必须精心设计，最好能够解决以下 6 个问题（如图 10-5 所示）。

解决问题	1	不断提升企业班组长的综合管理素质，使其认识到自我发展的必要性
	2	能够解决生产过程中出现的工艺、质量、安全、进度等问题
	3	认识到培养与激励员工的重要性及方法，提高员工士气
	4	掌握生产一线管理的各种技能和方法，培养班组长发现问题与解决问题的能力
	5	培养班组长与上级、同事和下属沟通的能力
	6	帮助班组长高效地完成上级下达的生产任务，发挥上级与下属的"桥梁"作用

图 10-5 生产班组长培训课程要解决的 6 个问题

10.2.2 班组长培训课程的划分维度

班组长培训课程主要围绕管事、管人、管物和自我管理 4 个维度进行，具体如图 10-6 所示。

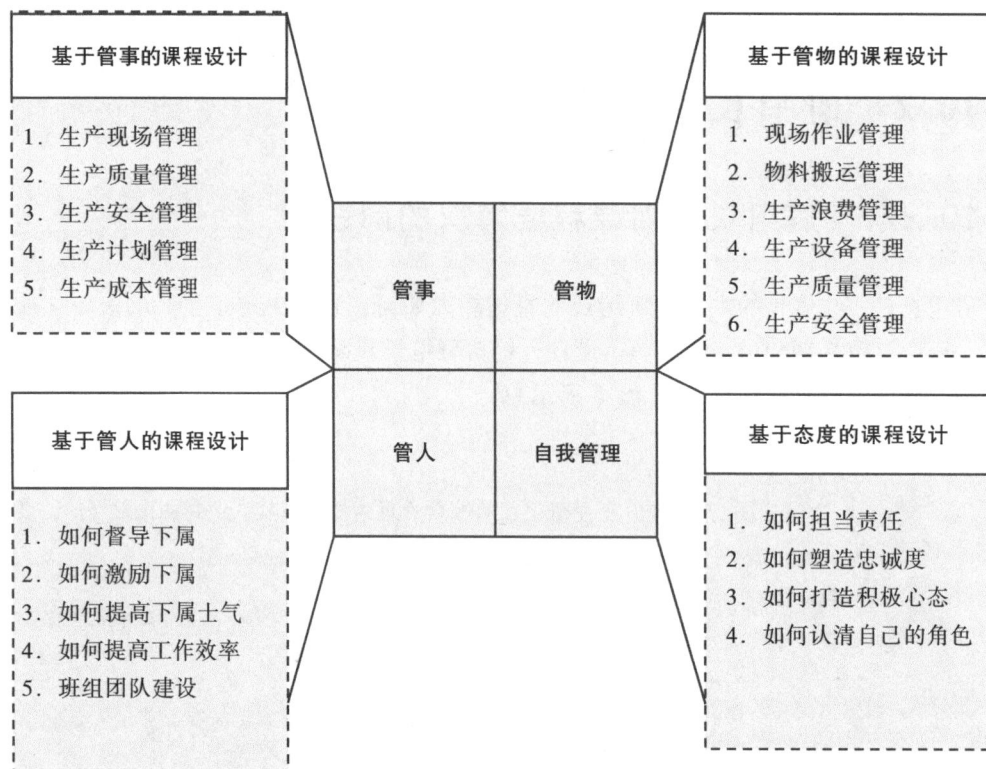

图 10-6　班组长培训课程的划分维度

10.2.3　班组长培训课程体系设计方案

以下是××企业班组长培训课程体系设计方案，供读者参考。

班组长培训课程体系设计方案

一、班组长培训课程体系设计原则

1. 针对性

充分考虑班组长的当前培训需求和未来发展要求。

2. 全面性

班组长培训课程一定要囊括班组长所需的知识、技能、态度等内容。

3. 持续性

班组长培训课程体系设计是一个动态过程，需要不断更新和完善。

（续）

二、班组长培训课程体系设计方法

班组长培训课程体系的设计应从分析岗位职责入手，先明确班组长的工作职责，再导出班组长的能力素质模型，最后才进行培训课程体系设计。

班组长负责协助上级领导全面落实企业和车间的各项管理制度，参与车间各项生产计划的制订并贯彻执行，具体岗位职责如下所示。

1. 班组管理

全面负责班组人员管理工作，如实填报考勤情况，开展沟通与考核工作，做好班组建设。

2. 生产管理

合理安排各道生产工序，注意各道工序所用工时的合理性，保证按时完成任务。

3. 技术管理

组织技术练兵，提高班组技术水平，狠抓产品质量，降低产品不合格率，确保质量指标的完成。

4. 安全管理

切实抓好班组安全生产工作，加强设备维修保养，督促班组安全生产措施的落实。

5. 指导下属

开展技术传授和培训活动，提高班组人员的操作水平。

三、班组长培训课程体系设计程序

1. 将岗位职责转换为能力素质要求

依据班组长的岗位职责，分析与之对应的能力素质要求，具体如下表所示。

岗位职责和能力素质要求对应表

班长的岗位职责	与职责对应的能力素质
全面负责班组人员管理工作，如实填报考勤情况，开展沟通与考核工作，做好班组建设	团队建设能力、沟通能力、领导能力
合理安排各道生产工序，注意各道工序所用工时的合理性，保证按时完成任务	计划调度能力、现场管理能力
组织技术练兵，提高班组技术水平，狠抓产品质量，降低产品不合格率，确保质量指标的完成	技术指导能力、质量控制能力
切实抓好班组安全生产工作，加强设备维修保养，督促班组安全生产措施的落实	设备管理能力、安全管理能力
开展技术传授和培训活动，提高班组人员的操作水平	指导能力、培训能力

2. 导出培训内容和课程名称

依据能力素质要求设计所需的培训内容，具体如下表所示。

（续）

能力素质要求和培训内容

对应的能力素质	培训内容	课程名称
团队建设能力、沟通能力、领导能力	班组文化建设、班组人员管理、沟通技巧、倾听与表达	◇ 班组长管理技能提升 ◇ 如何高效沟通
计划调度能力、现场管理能力	作业计划制订与执行、生产调度、消除浪费、现场问题解决、工具与方法	◇ 现场业务管理技能提升 ◇ 作业问题解决与方法
技术指导能力、质量控制能力	全面质量管理、生产工艺管理、质量控制小组、质量改善、质量体系	◇ 班组长质量管理与改善实践训练 ◇ 品管常用工具 ◇ 提升全面质量管理水平
设备管理能力、安全管理能力	设备安装、设备操作、设备检修、设备维护、安全制度建设、安全生产、安全检查、事故预防	◇ 生产设备保养维护技能提升 ◇ 班组安全生产管理培训
指导能力、培训能力	业务督导、检查指导、绩效考核、新人培训、岗位培训	◇ 如何督导下属 ◇ 班组人力资源管理

3. 将职业素养课程填入课程体系表

班组长的能力培训很重要，但是仅有针对工作能力的培训是远远不够的，班组长的职业素养培训也是必不可少的，应将相关培训课程添加到班组长的培训课程体系中，具体如下表所示。

班组长培训课程体系

课程体系维度	课程名称	课程收益
管理技能	班组长管理技能提升 如何高效沟通 督导培养下属 班组人力资源管理	通过管理技能类课程培训，帮助班组长明确其管理职责和角色定位，树立正确的管理意识，并掌握沟通、表扬、反馈及激励下属的技巧，强化团队凝聚力
专业技能	现场业务管理技能提升 作业问题解决与方法 班组长质量管理与改善实践训练 品管常用工具 提升全面质量管理水平 班组安全生产管理培训	学习现场安全管理、设备管理、现场问题分析与解决及现场改善的基本方法，掌握质量控制工具，保证按时、保质、保量完成生产计划
职业素养	塑造班组长的忠诚度 班组长如何担当责任	培养班组长的忠诚度，降低其离职率

10.3 核心员工培训课程体系设计

10.3.1 核心员工培训课程的划分维度

对企业而言，核心员工离职造成的损失是无法估量的。留住核心员工的措施之一便是对其提供必要的培训。核心员工培训课程可以按职业素养、专有技术和特殊管理技能3个维度进行划分，具体如图10-7所示。

图 10-7 核心员工培训课程的划分维度

10.3.2 核心员工培训课程体系设计方案

以下是××企业核心员工培训课程体系设计方案，供读者参考。

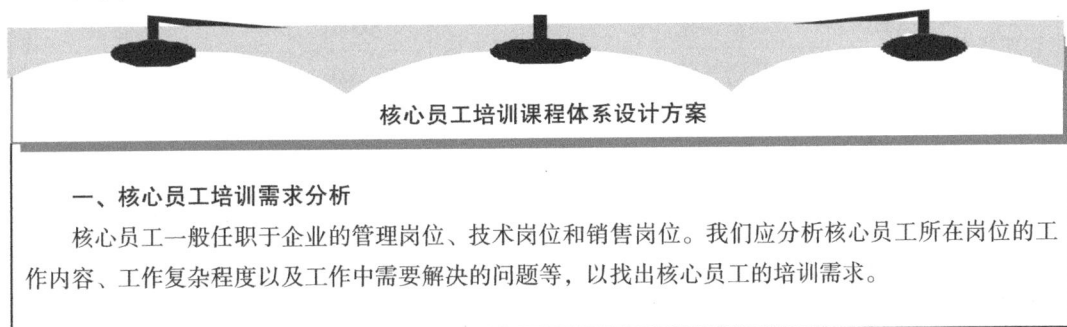

核心员工培训课程体系设计方案

一、核心员工培训需求分析

核心员工一般任职于企业的管理岗位、技术岗位和销售岗位。我们应分析核心员工所在岗位的工作内容、工作复杂程度以及工作中需要解决的问题等，以找出核心员工的培训需求。

（续）

二、确定核心员工的培训内容

核心员工的培训内容主要包括管理技能、职业素养、自我发展和沙盘模拟 4 个方面，具体如下表所示。

核心员工的培训内容

培训项目	培训内容
管理技能	演讲技巧、沟通技巧、变革管理、压力管理、情绪管理、团队建设、领导力
职业素养	忠诚度、责任感、成就感、感恩、成功心态
自我发展	职业生涯规划、自我学习能力提升、个人魅力塑造
沙盘模拟	企业经营决策沙盘模拟训练、营销博弈沙盘模拟训练、财务经营沙盘模拟训练

三、选择并评估核心员工培训课程

企业培训部应组织企业领导层、相关部门负责人、部分核心员工、培训讲师以及外部培训专家，对核心员工培训课程进行评估，确定最终的核心员工培训课程。课程评估主要包括以下 3 个方面。

1. 课程内容

课程内容是否全面，内容深度是否能满足核心员工的需求。

2. 课程形式

课程形式是否能调动核心员工的培训积极性。

3. 课程费用

培训课程的开发和采购费用是否超出预算。

四、设计具有特色的培训课程体系

根据对核心员工培训需求的分析，构建核心员工培训课程体系，具体如下表所示。

核心员工培训课程体系

课程模块	课程编号	课程名称	课程模块	课程编号	课程名称
管理技能	HXM001	演讲的技巧	自我发展	HXD001	职业生涯规划
	HXM002	高效领导力提升		HXD001	塑造个人魅力
	HXM003	情绪与压力管理		HXD001	持续学习
	HXM004	变革管理		HXD001	自我营销
职业素养	HXP001	塑造核心员工的忠诚度	沙盘模拟	HXS001	经营决策沙盘模拟
	HXP002	提升核心员工的责任感		HXS001	营销博弈战沙盘模拟
	HXP003	培养核心员工的成功心态		HXS001	财务经营管理沙盘模拟

10.4 新晋升员工培训课程体系设计

10.4.1 新晋升员工培训课程的划分维度

新晋升员工培训课程体系主要以员工的晋升通道为设计依据，从知识、技能和态度 3 个维度进行内容设计，具体如图 10-8 所示。

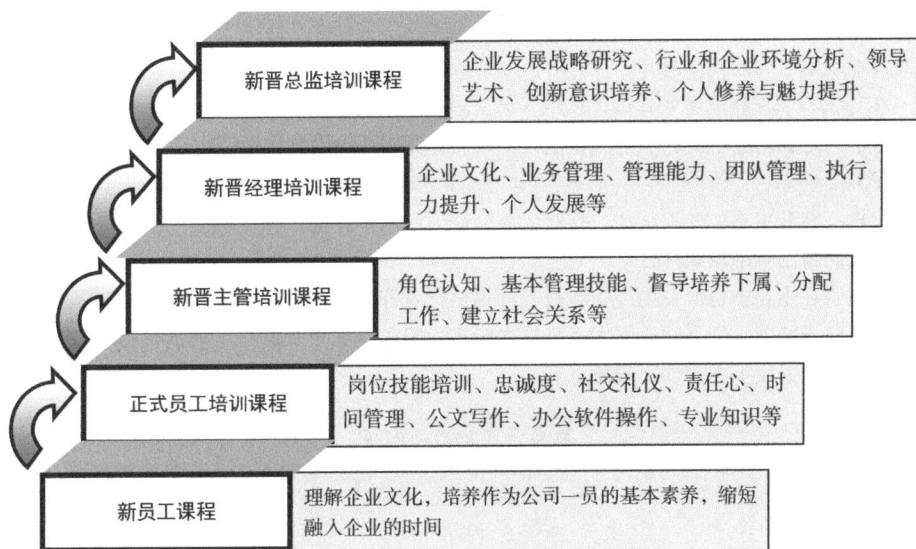

新晋总监培训课程 —— 企业发展战略研究、行业和企业环境分析、领导艺术、创新意识培养、个人修养与魅力提升

新晋经理培训课程 —— 企业文化、业务管理、管理能力、团队管理、执行力提升、个人发展等

新晋主管培训课程 —— 角色认知、基本管理技能、督导培养下属、分配工作、建立社会关系等

正式员工培训课程 —— 岗位技能培训、忠诚度、社交礼仪、责任心、时间管理、公文写作、办公软件操作、专业知识等

新员工课程 —— 理解企业文化，培养作为公司一员的基本素养，缩短融入企业的时间

图 10-8 新晋升员工培训课程的划分维度

10.4.2 新晋升主管培训课程体系设计方案

以下是××企业新晋升主管培训课程体系设计方案，供读者参考。

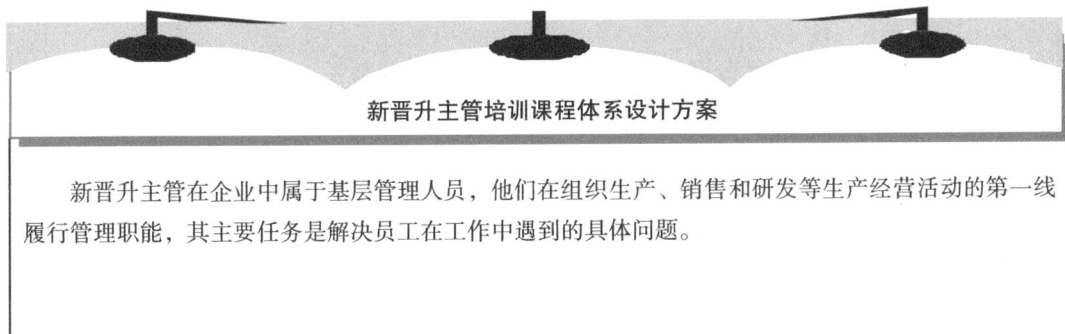

新晋升主管培训课程体系设计方案

新晋升主管在企业中属于基层管理人员，他们在组织生产、销售和研发等生产经营活动的第一线履行管理职能，其主要任务是解决员工在工作中遇到的具体问题。

（续）

一、新晋升主管培训需求分析

1. 企业层面分析

主要从企业的角度分析新晋升主管在企业层面都应了解哪些内容。一般来说，与企业相关的培训需求分析可以从以下4个方面展开。

（1）企业发展战略与企业价值观。

（2）企业规章制度以及新晋升岗位薪酬体系。

（3）企业商务礼仪及技巧、环境卫生安全。

（4）新晋升主管的培训是否与企业发展方面相符合。

2. 职务层面分析

（1）工作要求及职责。根据新晋升主管的岗位说明书，分析新工作对员工的知识和技能要求，从而有针对性地确定培训的具体内容。

（2）工作流程。新晋升主管将以怎样的步骤开展工作？要和企业内外部哪些人员进行沟通、协调与合作？各部门是如何分工的？了解工作流程，从而有针对性地设置培训课程。

3. 个人层面分析

主要分析新晋升主管的个人特征，针对个人特征确定培训课程。

二、确定新晋主管的培训内容

新晋升主管在企业中扮演着生产参与者、计划执行者和组织者等多重角色，需要具备熟练的专业知识和一定的管理技能。新晋主管大多是技术能手，因此企业对其进行培训的重点应放在提升其管理技能方面，具体的培训内容如下表所示。

新晋升主管培训内容

培训方向	培训内容
岗前培训	新岗位职责及工作重点、部门组织结构以及工作流程、部门的绩效考核以及部门对其的期望
专业知识	生产管理、营销管理、人力资源、财务管理等
管理技能	管理角色认知、沟通技巧、时间管理、团队管理、压力与变革管理、下属员工激励管理、下属员工的培养与考核

三、构建新晋升主管的培训课程体系

新晋升主管培训课程体系如下表所示。

（续）

新晋升主管培训课程体系		
课程模块	**课程名称**	
岗前培训	新岗位认知	新岗位绩效考核
专业知识	生产管理知识一点通	营销管理知识一点通
	财务管理知识一点通	人力资源管理知识一点通
角色认知	新晋升主管角色认知与定位	新晋升主管的职业道德
	新晋升主管必备心态	新晋升主管心智模式修炼
管理技能 沟通	如何有效地表达与倾听	与上级沟通的技巧
	如何跨部门沟通	如何赢得下属的支持
时间管理	提高效率的8种技巧	时间管理技能
压力管理	管理压力的5大策略	情绪与情商管理
激励管理	有效激励的8种方式	如何激发员工的成就感
冲突与变革	如何解决人际冲突	如何应对工作场所变革
	如何应付问题员工	如何处理内外部冲突
团队管理	如何创建团队	塑造团队文化
员工培养	如何督导下属员工	下属员工的绩效考核
综合	如何做一名出色的主管	

10.4.3　新晋升经理培训课程体系设计方案

以下是××企业新晋升经理培训课程体系设计方案，供读者参考。

新晋升经理培训课程体系设计方案

一、新晋升经理培训需求分析

　　针对新晋升经理的培训需求调查，可以参考以往部门经理的培训内容以及培训效果；也可以通过与新晋升经理面谈，了解其培训需求。下表是新晋升经理的面谈记录表，用于收集新晋升经理的培训需求信息。

（续）

新晋升经理面谈记录表

新晋升经理姓名		任职部门	
面谈人姓名		面谈人职位	
面谈日期		面谈时间	
面谈内容		面谈记录	
1. 请谈谈你对即将担任的职务的理解			
2. 简要谈谈你来公司之前的工作业绩			
3. 你觉得日常工作中还有哪些地方需要改善			
4. 你认为部门经理需要具备什么样的能力			
5. 你觉得对你的成长及业绩有利的因素有哪些			
6. 从现在开始半年内，你期望达到哪些目标		（本职工作领域内）	
		（本职工作以外领域）	
7. 你希望培训部给您提供哪些培训			

除此之外，还可以利用下表帮助新晋升经理更好地了解自己的各项能力，分析自己的不足之处，找到真实的培训需求。

新晋升经理培训需求调查表

请您根据自己的实际情况评分："5分"表示能力杰出，"4分"表示能力良好，"3分"表示能力合格，"2分"表示能力需要改善，"1分"表示能力极差。

拟参训者		填表日期				
计划能力	5分	4分	3分	2分	1分	特殊说明
1. 制定明确的工作目标和实施计划						
2. 及时掌握并运用新观点						
3. 以科学有效的方式收集并整理信息						
4. 分析资料、提出建议、拟定实施方案						
组织能力	5分	4分	3分	2分	1分	特殊说明
1. 分解、实现工作目标						
2. 分析并决定职务内容						
3. 甄选下属人员并授权						
4. 设计组织结构，制作组织图表						

（续）

（续表）

指导与协调能力	5分	4分	3分	2分	1分	特殊说明
1. 公文写作的能力						
2. 主持会议的能力						
3. 被同事接受和认可						
4. 帮助下属制定工作标准						
5. 与下属随时保持沟通						
6. 定时向上级报告工作进度						
7. 口头指示及书面指示能力						
8. 通过与他人协作完成工作任务						
9. 辅导下属使其更快地进入工作角色						
10. 训练及发展下属的能力，为企业培养后备人才						
控制能力	5分	4分	3分	2分	1分	特殊说明
1. 成本控制和管理						
2. 全面质量管理						
3. 掌握业务的运作过程						
4. 制定客观的执行标准和规范						
5. 严格按照执行标准，及时向上级反馈执行情况						
其他说明						

二、确定新晋升经理培训内容

对新晋升经理来说，最重要的不是提升管理技能，而是要尽快转变观念。因此，企业应向他们提供角色转换方面的培训。

针对新晋升经理的培训内容主要包括自我管理、专业知识、管理能力和领导艺术，具体内容如下表所示。

新晋升经理培训内容

内容概述	内容细分
自我管理	角色认知与定位、个人时间管理、个人职业生涯发展规划、个人情商提升
专业知识	人力资源管理、生产管理、财务管理、销售管理、非人力资源经理的人力资源管理、非财务经理的财务管理
管理能力	目标管理、项目管理、时间管理、会议管理、组织管理、冲突管理、团队管理、职业生涯规划、压力管理
领导艺术	沟通技巧、有效授权、激励管理、督导及培养下属、高效领导力

（续）

三、构建新晋升经理培训课程体系

根据培训需求分析以及培训内容，确定新晋升经理的培训课程体系，具体如下表所示。

新晋升经理培训课程体系

通过技能模块	管理技能模块	专业技能模块
◇企业文化培训	◇沟通技巧　◇情绪管理	
◇管理角色转变思路	◇高效授权　◇冲突管理	根据企业要求以及部门职能，针对新晋升经理设计不同的培训课程
◇如何给员工做辅导	◇时间管理　◇领导力管理	
◇如何给员工做业绩评估	◇团队管理　◇提高执行力	
◇如何给员工提供高质量的培训	◇激励管理　◇压力管理	

下表是部分新晋升经理的专业技能培训课程。

新晋升经理专业技能培训课程（部分）

新晋升经理	专业技能培训课程名称
新晋升销售经理	◇如何提高团队销售业绩 ◇4P营销策略实施 ◇市场营销环境分析 ◇如何进行市场营销调研 ◇顾客满意度的管理与塑造
新晋升财务经理	◇风险管理 ◇如何进行税务筹划 ◇如何进行预算控制 ◇如何控制企业成本 ◇如何分析财务报表
新晋升生产经理	◇精益管理 ◇全面质量管理 ◇高效的5S管理 ◇卓越的生产现场管理
新晋升人力资源经理	◇企业组织结构设计 ◇招聘与面试技巧 ◇绩效管理与绩效目标分解 ◇如何设计具有竞争力的薪酬体系 ◇如何做好企业员工的培训工作